# CÓDIGOS DE MANIFESTACIÓN: MÁS ALLÁ DE LA LEY DE LA ATRACCIÓN

APRENDE A CO-CREAR CON EL UNIVERSO PARA MANIFESTAR LA VIDA DE TUS SUEÑOS, HOY.

LISA FERNANDES     ALEXANDRA CARRUTHERS

MILLI FOX     KARI RUSSELL     CHARISSA LYNN

ANDI TURCZA

LISA FERNANDES

# ÍNDICE

# ACCEDIENDO A LA MANIFESTACIÓN DE LA NUEVA ERA

## LISA FERNANDES

Me paré frente a una pared en blanco con un trozo de tiza blanca entre mis dedos.

Sin pensar, mi mano tocó la fresca pared pintada de pizarra y comenzó a escribir...

*Exitoso*

*Confiable*

*Seguro*

*Alto*

*Guapo*

*Seguro*

*Saludable*

*Leal*

Mi mano se detuvo cuando sintió que estaba completo. Las palabras esparcidas en tiza por esa pared tenían más poder del que imaginaba. Este recién creado maestro de escritura quedó para que lo viera cada día. Pasaría por delante de ellas incontables veces y, sin darme cuenta, las palabras se anidaron en mi subconsciente.

Seis meses después, experimenté mi primera gran manifestación.

*Conocí a mi esposo.*

A lo largo de los años, he visto la manifestación retratada de dos maneras: fácil como un juego o completamente inalcanzable. ¿Te puedes relacionar? Nos dicen los expertos que lo mantengamos simple y simplemente "piense positivo", o que necesitamos completar 100 pasos complicados antes de que el universo responda a nuestro deseo.

Pero lo que he comprendido mientras he caminado mi camino es que no hay un enfoque único para manifestar la vida de tus sueños. Todos tenemos una relación única con el universo.

La manifestación es como el arte. Cuando caminas por una galería de arte, ves cientos de lienzos llenos de diferentes expresiones de color y textura. Hay miles de técnicas. Algunos usan textiles, otros usan óleos, acuarelas o acrílicos. Cada artista tiene su propia forma única de crear su obra maestra. La manifestación es igual. Una enseñanza que puede resonar profundamente contigo y funcionar para ti, puede no funcionar tan bien para otra persona. Todos tenemos una relación única con la manifestación que nos permite crear obras maestras con nuestras vidas.

Mi intención al reunir los Códigos de Manifestación era romper con las narrativas típicas de manifestación y abrir tu mente a la posibilidad, explorando una variedad de prácticas incorporadas de un puñado de mujeres altamente exitosas.

A lo largo de este libro, aprenderás de cinco líderes en el espacio de entrenamiento en línea que se han convertido en maestras de la manifestación en sus realidades personales. Cada una tiene una historia poderosa y una enseñanza práctica para que experimentes en tu propia vida. Con cada código, surge la oportunidad de profundizar en tu práctica y abrir tu relación con el poder universal.

Espero que, al leer los Códigos de Manifestación, recuerdes cuán capaz eres de manifestar la vida que deseas. Que restaures tu valía innata y tu poder co-creativo. Y reclames la magia que siempre ha vivido dentro de ti.

Comencemos

# CAPÍTULO 1
# EL CÓDIGO: EL ARTE DE CONTAR HISTORIAS
## ALEXANDRA CARRUTHERS

Son las 6:48 pm. Estoy de pie en medio de mi vestidor, rodeada de la ropa que solía quedarme. El susurro de una máquina de ruido blanco amortigua los pasos de mi hija de dos años. Las luces están apagadas y la puerta del armario está entreabierta lo suficiente como para mantenerla a la vista mientras da vueltas por mi habitación.

El suave sonido de la Canción de Cuna de Brahms calma mi sistema nervioso mientras me balanceo en la oscuridad.

*"Shhh. Shhh. Shhh"*, susurro.

Mi hija de 4 meses casi se ha dormido. Acunada en mis brazos, su saco de dormir está firmemente envuelto alrededor de su pequeño cuerpo regordete, puedo ver que sus párpados finalmente se vuelven pesados. Sus largas pestañas se apoyan contra sus suaves mejillas de manzana. Han pasado 25 minutos infinitos meciéndonos juntas en la oscuridad. Y dos largas semanas sintiéndome como una madre soltera.

. . .

Me duele la parte superior de la espalda. Mi garganta está seca por el constante *"shhhh"*.

Mis pechos duelen. El sudor gotea por mis sienes. La grasa extra en mi estómago me hace sentir picazón. Siento el broche de mi sujetador de lactancia cavando en mi piel. No hay nada que pueda hacer para ajustarlo sin molestar a Mia. Y no estoy dispuesta a deshacer todo el tiempo que he pasado haciéndola dormir. Así que elijo ver el dolor y la picazón inconveniente como una prueba de fortaleza. Puedo con esto.

Pero mi pecho se aprieta y mi mente empieza a hervir de resentimiento cuando recuerdo dónde está mi esposo.

## ACTIVANDO EL VÓRTICE

Instantáneamente interrumpo el pensamiento.

*"No soy una víctima"*, me recuerdo a mí misma. No en voz alta. Internamente, por supuesto. Mia parece estar finalmente dormida.

*"Soy una creadora poderosa. Yo comando y creo mi vida"*, continúo el monólogo en mi mente.

*"Cada noche se hace más fácil. Dale está sanando rápidamente. Mia está durmiendo más y más profundamente. Cada día se vuelve más abundante. Tus clientes del alma te encuentran sin esfuerzo. Ya has*

*hecho lo suficiente. El dinero te ama y está contigo. Tu cuerpo está liberando todo su peso extra. Es seguro ser apoyada por otros. Es seguro ser exitosa".*

Con los ojos cerrados, creo un campo de enfoque potente y practico involucrar tantos de mis sentidos como sea posible para iluminar mi visión.

Este es mi vórtice.

El portal de manifestación al que entro cada noche y antes de cada siesta. El lugar donde comando mi narrativa y uso mi ojo interno y mi voz para crear conscientemente la secuencia de mi vida.

La hora de dormir, una tarea cotidiana de madre, se ha convertido ahora en un viaje al patio de recreo cuántico. El lugar donde se codifica y escribe el primer borrador de la historia que estoy a punto de vivir.

## LA HISTORIA ANTERIOR

Mi *"shhh"* se vuelve más suave hasta que se detiene. El balanceo se detiene suavemente.

Sostengo a Mia por unos minutos más para asegurarme absolutamente de que está descansando profundamente. Lo he apurado antes y he pagado el precio de tener que comenzar nuestro ritual de acunar y susurrar en mi oscuro armario nuevamente.

. . .

No creo que mi cuerpo pueda soportar otra ronda. Y no creo que mi niña, que ahora está arrancando las almohadas de mi cama king-size sin hacer, tenga suficiente paciencia tampoco. Ha sido valiente durante esta temporada de cambios y desafíos extraordinarios. Pero sé que su lado "Chuckie", como mi esposo y yo lo llamamos juguetonamente, podría salir en cualquier momento.

Observo a Mia como un halcón silencioso, buscando cualquier señal de parpadeos de pestañas o pequeños movimientos que puedan indicar que aún no ha descendido a su sueño REM. Me siento como una experta en los ciclos de sueño infantil en esta etapa del juego de la crianza. Tener dos niñas pequeñas, una detrás de la otra, en una pandemia, me tuvo leyendo vorazmente cada investigación sobre el sueño de bebés en las primeras cinco páginas de Google, a menudo durante las horas impías de 2 a 4 a. m., cuando mis pequeños búhos nocturnos decidían que querían su bufé de pecho.

Puedo decirte instantáneamente si un bebé está en un verdadero ciclo REM o no. Y ahora, después de 14 días de ser madre soltera, tengo mi rutina de la hora de dormir con dos niñas, ambas menores de dos años, reducida a una ciencia absoluta.

Eso es hasta que escucho a mi golden retriever emocionado ladrar en la planta baja. Maldición.

Entro en pánico, pero me quedo completamente quieta. Mis ojos se dirigen a Mia. Parece que no escuchó. Gracias a Dios. Es la señal que necesito para convencerme de que finalmente está lista para ser colocada en su corralito para la noche. Seamos realistas, no había forma de que cupiera una verdadera cuna aquí.

. . .

Me siento mal por no tener una habitación adecuada para ella, y lo mejor que pude hacer fue transformar mi vestidor en una pequeña guardería improvisada. Culpa de madre.

La verdad honesta es que mi embarazo con Mia me tomó completamente por sorpresa. Más culpa de madre.

Apenas había recuperado el aliento desde el nacimiento de su hermana mayor, cuando el alma ambiciosa de Aries de Mia encontró un portal en mi útero, después de olvidar tomar mis pastillas anticonceptivas durante unos días. Sí, más culpa de madre.

Fue una bendición inesperada que amplió mi capacidad de maneras que apenas estaba comenzando a descubrir. La fuerza de la naturaleza que nuestra familia necesitaba para arraigarse y elevarse a nuestro amor más elevado. Un verdadero ángel terrenal.

La coloco suavemente y la observo por un minuto solo para asegurarme de que no se despierte de golpe. Luego retrocedo de puntillas y abro lentamente la puerta del armario, lo suficiente para salir sin ser detectada.

Encuentro a Charlee jugando con parte de mi maquillaje en mi baño. Coloco mi dedo índice sobre mis labios y le señalo que es hora de su baño.

La rutina de la hora de dormir número dos está a punto de comenzar.

. . .

Estoy a al menos 30 minutos del único momento de tiempo a solas que tengo para disfrutar cada día. Esa ventana sagrada entre las 7:30 y las 9 p.m., donde, sin necesidades de nadie más que cumplir, se trata solo de mí.

Sin bebés que sostener o alimentar. Sin demandas de niños pequeños que cumplir. Sin mensajes de clientes a los que responder.

Solo yo, y a menudo, las Amas de Casa Reales de la Última Ciudad que tiene la última temporada en emisión.

## EL GIRO EN LA TRAMA

Es exactamente durante esta ventana de tiempo, 14 días antes, que escucho la puerta principal abrirse de golpe y encuentro a mi esposo colapsado, tendido en nuestra alfombra de la entrada.

Sus ojos, tan abiertos como los de un ciervo atrapado en los faros de un automóvil, se encuentran con los míos, llevando una expresión que simultáneamente dice *"estoy jodido"* y *"lo siento"*.

Al principio, esperamos que sea solo una mala torcedura.

Había bajado mal en la pelota jugando fútbol esa tarde y escuchó su pierna romperse.

. . .

Incapaz de caminar, su hermano lo llevó fuera del campo y, finalmente, a nuestra casa y sobre nuestro sofá, el rincón acogedor de nuestra planta principal de concepto abierto que se convertiría en su hogar durante las próximas seis semanas.

Un viaje a la sala de emergencias al día siguiente confirma lo que tememos más, es una fractura. Una mala fractura. Necesita cirugía de inmediato. Y tendrá que mantener todo el peso fuera de su pierna derecha durante un mínimo de dos meses.

Nuestra vida ya se siente como una casa de naipes.

Nuestro matrimonio se siente más tambaleante que nunca. El desafío de tener dos niños pequeños en la olla a presión de una pandemia, drama familiar tenso, la montaña rusa del emprendimiento y cubrir la fuente de noticias sobre crímenes de la ciudad desde casa, nos tiene bailando con las sombras del otro cada dos días.

Y ahora, mi esposo muy involucrado y co-padre, está condenado a pasar las próximas ocho semanas con los pies en alto en el sofá. Dejándome cargar con la responsabilidad de cuidar a nuestros dos niños muy pequeños, tres mascotas de alto mantenimiento y un hombre de 38 años herido, mientras también administro el exitoso negocio que logré escalar a meses de cinco cifras con un bebé en mi pecho y una niña corriendo entre mis piernas. Genial.

Es hundirse o nadar.

. . .

Pero el conocimiento es instantáneo.

Esta fractura de la meseta tibial no es aleatoria. Es la respuesta a las oraciones subconscientes de ambos. Un desafío divinamente orquestado por nuestros seres superiores diseñado para activar los códigos profundos de potencial que esperan ser accedidos y despertados en nuestro ADN.

Este es nuestro salto de línea temporal. El giro en la trama por el que rezamos.

Nuestra oportunidad de romper los patrones y poner fin abruptamente a las historias de victimización que ambos habíamos estado repitiendo durante demasiado tiempo.

Como a menudo sucede con las grandes oportunidades, ha venido en forma de un desafío abrumador. Un conjunto crujiente e incómodo de circunstancias que ha aparecido para activar y iniciarme en el poderoso código de manifestación que te voy a enseñar en este capítulo:

### CÓMO COMANDAR TU NARRATIVA Y ESCRIBIR TU PROPIA HISTORIA. SIN IMPORTAR QUÉ.

Sin este código vital, fácilmente podrías encontrarte siendo víctima de circunstancias imprevisibles. Arrojado como una marioneta en un océano salvaje de lecciones kármicas.

Pero cuando incorporas este código, te conviertes en el ojo del huracán que atraviesas.

. . .

Tomas el poder para elegir tu papel y poner en marcha tu propia trama, sin importar cuán turbulento se vuelva el mar de las circunstancias. Te conviertes en el creador de tu destino en lugar de la heredera de la desgracia. Puedes jugar cualquier carta que el universo te entregue y salir victorioso porque sabes que el poder no está en las cartas, está en ti.

## LA VÍCTIMA

Si alguna vez hubo una temporada de mi vida en la que pueda justificar sentir lástima por mí misma, es esta.

Versiones anteriores de mí absolutamente lo hicieron.

Después del nacimiento de mi primera hija, Charlee, caí en un profundo pozo de ansiedad posparto y perdí por completo mi sentido de identidad.

Siempre supe que quería ser madre. Soy una cuidadora natural que comenzó a cuidar niños a los 10 años. La osa madre en mi grupo de amigos, siempre asegurándome de que todos se sientan seguros. Adoro a los niños y ellos me aman a mí. Sostengo a cada bebé que tengo la bendición de conocer. Naturalmente, pensé que mi iniciación en el club de mamás sería fácil.

Pasé los primeros 28 años de mi vida soñando con mi versión perfecta de la maternidad. Una película al estilo de Hallmark donde nunca perdía la calma y lucía como una diosa griega muy descansada y de busto generoso, llevando a mi bebé a cafeterías y sosteniéndola en mi regazo, mientras tomaba lentamente mi

9

capuchino y hojeaba las páginas de una novela. Me imaginaba una temporada de vida pacífica y tranquila, donde me suavizaba y desaceleraba. Donde la conexión con mi bebé se sentía sin esfuerzo y las personas que amaba se acercaban desde todos los ángulos para cuidarnos. Pensé que volvería sin problemas al trabajo con clientes cuando me sintiera lista. Comprobando sin esfuerzo para apoyar y guiar a mis clientes durante las siestas.

Oh, cómo mis propias expectativas me tomaron por sorpresa.

Nada puede prepararte para la forma en que la maternidad desgarra tu corazón. No hay piedad para la iniciación que este nivel de amor trae. La ansiedad que sentía era paralizante.

Miraba las exquisitas y hermosas características diminutas de mi niña con una frecuencia de amor incondicional que llenaba mis células con una miel eufórica y paz. Solo para que mi estómago cayera libremente como un ascensor con un cable cortado, y mi mente se llenara de pensamientos de total pavor, ante la idea de que algo más allá de mi control pudiera hacerle daño.

Una escena de un documental sobre secuestro de niños se presentaba en mi conciencia. Una noticia sobre el asesinato de un niño. Una visión de un automóvil desviándose de la carretera chocando contra su cochecito en la acera.

Nunca había experimentado paranoia como esta antes. Verificando triplemente las cerraduras. Llamando a mi esposo cinco minutos después de que se fue a pasear con ella, solo para confirmar que ambos seguían vivos. Luchando por confiar incluso en mi familia y amigos más cercanos.

. . .

Durante un tiempo, cada día se sentía tan intenso.

Cuando amas algo tanto, llevas la posibilidad de perderlo también. Y eso me aterraba hasta la médula.

¿Realmente podía confiar en mí misma para mantenerla a salvo en esta vida?

Hubo días en los que aún me sentía como una niña pequeña también.

Mi mente zumbaba con una hiper vigilancia. Mi corazón se sentía crudo. Mi cuerpo estaba exhausto.

La responsabilidad de proteger a mi inocente niña dentro de una matriz de mundo que se sentía cada vez más hostil y oscuro, me mantiene despierta ansiosamente durante las pocas horas que debería estar durmiendo entre las sesiones de lactancia.

Me siento como un fantasma de mí misma viendo cómo cada otra parte de mi vida llega a un completo paro.

Mi negocio está en pausa. Y estoy llena de inseguridad y culpa de que ahora dependamos financieramente de mi esposo para cargar con la carga económica, en un momento en el que ambos imaginábamos estar completamente estables financieramente.

. . .

Me siento como un iceberg congelado en un mar de presión. Y la historia que me estoy contando es terrible.

Mi narrador interno teje un cuento de una mujer que ha fracasado, que ha sido olvidada, que no es suficiente para la hija que la ha elegido. Me dice que soy una carga para mi familia, que mi incapacidad para obtener ganancias en el plazo esperado nos ha llevado al abismo fiscal.

Creo cada palabra.

El pequeño miedo que vivió en el fondo de mi mente durante años es ahora una profecía auto cumplida.

Me estoy contando una historia que no quiero vivir: la madre que lucha y la empresaria que fracasa.

Jugando el papel que no quiero interpretar: la víctima de las circunstancias.

Hasta que algo finalmente se quiebra.

La pierna derecha de mi esposo.

## LA HEROÍNA

La noche en que mi esposo se rompe la pierna es el giro de la trama que mi historia necesita para que mi personaje se desarrolle en la heroína que sabe que está aquí para ser.

Es la noche en que tomo la decisión de comandar mi propia narrativa. Dirigir conscientemente mi energía para tejer la vida que quiero vivir y la historia que algún día contaré a mis hijas, acerca de quién es su madre y, más importante aún, quién se convirtió para su familia durante este capítulo de desafío intenso.

Sin que nadie venga a rescatarme, evoluciono mi princesa interior en una reina. Empiezo a tener una claridad cristalina sobre cómo se desarrollará esta historia. Juro salir de esto con todo lo que quiero.

Recuerdo haberle dicho a mi esposo por teléfono cuando se despierta de la cirugía que esto será el catalizador de cosas increíbles para ambos. Que Dios nos está dando esto como un regalo, una oportunidad y un portal para realizar nuestro potencial más elevado.

La fuerza y convicción en mi voz lo reconforta e inspira.

Él también lo siente. Y decide, oficialmente, que tendrá la recuperación más rápida y completa que sus médicos hayan visto.

Decido que seré una madre excepcionalmente sintonizada, una esposa elegante y una jefa enfocada en los negocios que no se conforma con nada menos que beneficios apasionados.

• • •

Comienzo a crear la historia de una mujer que se eleva sin importar qué. Que ve cada desafío como un catalizador. Que no permite que un conjunto difícil de circunstancias la detenga ni un centímetro, sino que elige usarlo como el acelerador que la impulsa hacia sus sueños a la velocidad de la luz.

Contrato apoyo y permito que me den más mis seres queridos. Me vuelvo muy intencional sobre los clientes con los que deseo trabajar y mi capacidad. Rediseño elementos de mi negocio para apoyar mi visión. Uso mi voz y mis acciones diarias para afirmar mi éxito.

Con una bebé de 4 meses, vivo en un ciclo de 24 horas. Hay muy poco tiempo libre. Así que elijo disciplinarme y ser creativa. Mi mayor truco de manifestación es usar momentos ordinarios de la maternidad para crear conscientemente magia.

La rutina de dormir de mi hija se convierte en mi portal más potente para manifestar.

La tarea que solía temer más rápidamente se convierte en uno de los espacios de tiempo más sagrados y poderosos de mi día. Donde me sumerjo en una profunda zona de enfoque, tejiendo deliberada e intencionalmente la historia de mi éxito inevitable.

Mi vestidor/nursery se convierte en el vórtice.

Mi oscuro útero de creación, donde los sueños y visiones sin forma de mis deseos toman forma por primera vez a través de los pensamientos y mandamientos de mi voz interior.

. . .

Mientras mecedo y le hago shhh a mi hija pequeña, caigo en un profundo estado de trance. Enfoco y hablo mis visiones a la existencia con un alto grado de claridad e intención. Participo con tantos de mis sentidos como puedo, mientras me hablo a mí misma en tercera persona. Contándome la historia de lo que quiero experimentar en mi negocio, en mi matrimonio, como madre.

Es dentro de este patio cuántico donde realmente comienzo a entender el papel importante que juega la narración en la manifestación. Desbloqueo el significado más profundo del lenguaje y las palabras, y comienzo una majestuosa iniciación en el poder de mi voz.

Y perfecciono mi propio proceso de manifestación a través de la narración.

## DESCIFRANDO EL CÓDIGO DE MANIFESTACIÓN A TRAVÉS DE LA NARRACIÓN

Ves, las palabras no son simplemente palabras, son códigos.

Cada palabra lleva una esencia energética. Son como llaves de sonido y luz que desbloquean puertas de comprensión y conciencia. Las palabras que repetimos en bucle en el teatro de nuestra mente forman la narrativa principal sobre la cual construimos nuestra vida. Somos los creadores. Nuestros pensamientos y nuestra voz son los instrumentos que usamos para dirigir la frecuencia hacia la forma.

. . .

Cuando recuerdas el sagrado poder de tus palabras, parece tan simple.

Pero el lenguaje es una herramienta que puede tanto liberar como limitar.

Muchos de nosotros no somos conscientes de la poderosa carga manifestacional que llevan nuestras palabras porque nacemos en una matriz que utiliza el lenguaje para manipular y distorsionar la pura verdad de nuestro potencial creativo.

Desde el momento en que nuestra alma elige la vida humana, comienza nuestra programación a través del lenguaje. En el útero, absorbemos el sonido de la voz de nuestra madre y la frecuencia de sus pensamientos en nuestros diminutos cuerpos mientras se desarrollan célula a célula. Esto forma la base de nuestra autoimagen y se convierte en la columna vertebral de la historia que pasaremos las próximas décadas contándonos.

A medida que crecemos en el mundo físico, nuestra indoctrinación se profundiza. Las palabras y el tono de nuestros cuidadores, maestros, amigos, medios de comunicación y cultura forman las creencias, principios y conceptos que crean toda nuestra realidad y sentido del yo.

Como niños, creemos exactamente lo que se nos dice.

Y esto continúa hasta la edad adulta hasta que cada uno de nosotros alcanza nuestro propio momento único de despertar, donde GIRO EN LA TRAMA, recordamos que realmente somos responsables de crear nuestra vida y comenzamos a comandar una nueva narrativa y escribir una historia diferente.

De la misma manera en que podemos programar con el lenguaje, podemos desprogramar.

Podemos usar el poder de las palabras para inculcar nuevos sistemas de creencias que nos preparen para tener éxito a nuestra manera sagrada.

Debemos contarnos la historia que queremos vivir. Y comandar la narrativa de nuestra propia vida. Debemos usar nuestras palabras para construir conscientemente la estructura en la que queremos vivir.

Cuando la pierna de mi esposo se rompió, también se rompió mi narrativa de víctima. Dejé de buscar algo fuera de mí misma para rescatarme y elegí entrar en mi poder para comandar que mi vida comenzara a formarse a mi favor.

Eso significaba acostumbrarme a hablar en un tono completamente diferente.

## PASO UNO: COMANDAR

El primer paso para manifestar a través de la narración es sentirte cómodo al dar órdenes.

. . .

Comandar se encuentra en una frecuencia totalmente diferente a preguntar. Cuando comandas, estás seguro de que recibirás lo que buscas. No está en cuestión. Simplemente es.

Comandar tu narrativa significa crear desde tu dios o diosa interior. Significa vivir, hablar y moverte desde la parte más pura de ti mismo. Aquella parte que sabe quién es, lo que quiere, lo que merece y las capacidades ilimitadas de su creación.

Para comandar, debemos romper la relación codependiente que muchos de nosotros estamos programados para tener con Dios, el universo o cualquier poder superior. Debemos desprogramar las partes de nuestra psique que creen que algo fuera de nosotros determina nuestra capacidad de recibir exactamente lo que deseamos.

No tenemos que pedir lo que queremos. Simplemente tenemos que comandarlo.

Los electrones en este universo se reorganizan a través del poder de nuestra intención enfocada.

Cuando usamos palabras potentes para comandar firmemente en nuestra propia voz, los resultados que queremos experimentar se cristalizan en forma; es una ley universal. Verdaderamente hablamos la vida a la existencia.

Cuando comandamos, nuestro sonido proviene de una parte más profunda de nuestro ser. No hay tambaleo, no hay sacudida, no hay duda. Solo un poder creativo puro.

. . .

Cuando comando, puedo sentir la fuente de mi sonido emanando directamente desde mi útero. Mi voz tiene un tono más profundo y poderoso.

Es más fuerte. Es seguro.

Cuando pregunto, mi sonido proviene solo de mi garganta. Mi voz es más aguda y temblorosa en tono. Busca permiso y definitivamente no es segura.

Cuando estés luchando por manifestar, verifica tu tono. ¿Estás pidiendo a un poder externo que conceda tu deseo? ¿O estás comandando electrones como la reina de la energía fuente que eres?

Nuestro poder para manifestar se reduce al nivel de intención y convicción que mantenemos al hablar.

Los electrones en el universo responden a nuestros mandamientos, no a nuestras preguntas.

El tono de voz que uses para manifestar y contar historias importa. Es la clave fundamental. Podrías elaborar la historia más exquisita y tener una claridad extrema sobre lo que deseas manifestar en tu realidad, pero si tu voz se quiebra y tu corazón está preguntando, entonces los electrones simplemente no reciben el memo para entrar en formación.

. . .

Cuanto más cómodo te sientas al comandar tu vida y hablar con convicción divina, más poderosa se vuelve tu capacidad de manifestación.

Podemos comandar sin pronunciar palabra también. Comandar no tiene nada que ver con el volumen y todo que ver con el poder y la intención.

En la oscuridad tranquila de mi vestidor, mientras mecía a mi hija para dormir, entraba en un trance profundo y hablaba mi historia a la existencia solo usando mi voz interna. Podía sentir que mi cuerpo respondía de manera diferente cuando comenzaba a comandar. Mis células se activaban en respuesta y sentía una oleada de sensaciones construirse y girar a lo largo de diferentes centros de energía en mi cuerpo.

Comandar en silencio se convirtió en mi especialidad. Cada noche reestructuraba mi realidad.

## PASO DOS: ELABORAR LA NARRATIVA

una vez que hemos perfeccionado nuestro tono y nos hemos acostumbrado a comandar. Es hora de clarificar nuestra historia. ¿Qué queremos crear exactamente?

Sin darnos cuenta, muchos de nosotros estamos desempeñando roles dentro de narrativas que preferiríamos no estar.

Estamos viviendo historias que deseamos cambiar, sin ver las formas en que las hablamos internamente cada día. Cuando culpamos, nos quejamos o nos decimos a nosotros mismos que alguna fuerza externa controla un aspecto clave de nuestro destino deseado, estamos escribiéndonos activamente en una historia que no queremos experimentar.

Es fácil encontrarse viviendo un drama de víctima. En nuestra matriz moderna, hay muchas fuerzas externas que intentan engancharte en narrativas de impotencia para poder beneficiarse de tu falta de autoestima percibida.

Después del nacimiento de mi primera hija, me encontré viviendo la historia de la nueva madre y dueña de un negocio en apuros. Con mi segunda hija, elegí una narrativa diferente para crear. En la sagrada oscuridad de mi vestidor, hablé en existencia una historia de éxito desenfrenado, gracia extraordinaria y una mujer que venció las adversidades para crear la vida que quería.

Cuando se trata de manifestar a través de la narración, debemos ser muy conscientes, intencionales y centrados en elaborar la narrativa que deseamos experimentar. Solo debemos suscribirnos a historias que nos empoderen y nos guíen hacia los resultados exitosos que queremos manifestar en todos los aspectos de nuestra vida.

Tuve que dejar de comprar las historias que la sociedad intentaba venderme sobre la maternidad y el emprendimiento, y conscientemente comandar y elaborar la historia que quería contar sobre mi viaje.

Este es un paso avanzado para reprogramar nuestra conciencia a través de un lenguaje intencional, que tiene beneficios duraderos en nuestra capacidad soberana para manifestar la vida en forma y crear nuestra propia realidad, libre de interferencias.

Cuanto más específicos, deliberados e intencionales seamos al tejer la trama de nuestra vida y elegir las palabras que mejor ilustren la esencia de nuestros deseos, más veremos que estas frecuencias se cristalizan en forma a nuestro alrededor.

Me tomó una crisis picante de la vida para sacarme de mi narrativa de víctima, pero eso no tiene que ser así para ti.

Cualquier momento ordinario de la vida puede convertirse en el giro argumental que te lleva por un nuevo camino. Cualquier decisión puede ser la elección que te hace saltar de líneas de tiempo y alinearte instantáneamente con el llamado de tu corazón.

Lo más importante es aprovechar nuestro poder creativo y escribir el guion de la vida que queremos vivir, con amor, detalle vívido y emoción alegre. Y asegurarnos de darnos a nosotros mismos el papel principal.

## PASO TRES: DESARROLLA TU PERSONAJE

El personaje que elijamos interpretar en nuestra historia tiene un impacto masivo en nuestras manifestaciones. No podemos asignarnos el papel de víctimas y cosechar las recompensas de una reina.

Tenemos que ser conscientes del personaje que estamos desarrollando y cómo lo estamos desarrollando específicamente.

¿Qué rasgos debe encarnar para tener éxito en su misión? ¿Qué patrones de sombra debe superar? ¿Qué es hora de sanar? ¿Qué debe soltar ahora? ¿Qué habilidades está lista para dominar?

Tuve una claridad total sobre la mujer que iba a convertirme mientras lideraba a mí misma, a mi familia y a mis clientes durante este capítulo de desafío personal. Poderosa, elegante e increíblemente exitosa. El tipo de mujer que gana todos los días gracias a su actitud y pasión por el juego de la vida.

Dejé de esperar que alguien me rescatara y asumí la completa responsabilidad de cada elemento de mi vida. Dejé de quejarme. Me di gracia para sentir plenamente la intensidad de mis emociones, pero no creé toda una historia alrededor de ellas.

Superé mi reactividad y calmé mi ansiedad. Cada rabieta de mi hija pequeña era una oportunidad para practicar la crianza consciente, con mis hijos y conmigo misma. Cada discusión con mi esposo era una oportunidad para practicar la comunicación amorosa y la reparación de la relación. Cada factura era una forma de circular el dinero con gratitud.

Comencé activamente a sanar a mi niña interior codependiente. Dejé de culparla por sentirse abrumada. La validé y cultivé una madre interna que podía calmarla y hablarle con un tono tranquilo y seguro. Le mostré cómo era seguro seguir su verdad interna, incluso si eso significaba ser desagradable en el camino. Dejé de aferrarme a relaciones que ya se estaban desmoronando.

Dejé de identificarme como la mártir. Pedí ayuda y construí activamente un equipo de personal de apoyo, un terapeuta y mentores para sostenerme, mientras me mantenía firme por mi familia y mi negocio.

Y comencé a dominar un nuevo nivel de inteligencia emocional y pensamiento abundante. La palabra *"escasez"* salió completamente de mi discurso interno. Todo era directamente una bendición o una lección que conducía a una bendición.

Esta nueva versión de mí misma tuvo un impacto directo en las compuertas de la abundancia que comenzaron a verterse en mi mundo.

La mayoría de las noches, bajaba después de mi ritual de manifestación antes de dormir, revisaba mi teléfono y encontraba notificaciones de pago de nuevas mujeres que se inscribían en mis ofertas, mensajes directos de seguidores interesados en trabajar juntos o mensajes de otros emprendedores que querían unirse o invitarme a compartir mis códigos con su comunidad.

Mi negocio estaba explotando, de una manera positiva. No dejé caer ninguna bola. Mi ingreso e impacto seguían creciendo. Todo debido al personaje que decidí interpretar en la historia que estaba codificando conscientemente.

El desarrollo consciente del personaje es una pieza vital del rompecabezas de la manifestación. Es a través de nuestro lenguaje interno y acciones externas que nos moldeamos en personas capaces de sostener y gestionar el alcance de nuestras manifestaciones.

## PASO CUATRO: CUENTA LA HISTORIA CON TODOS TUS SENTIDOS

La última pieza del código de manifestación a través de la narración se desbloquea en los detalles. Los elementos vívidos y descriptivos que entrelazas para iluminar tu narrativa de éxito.

En mi trance en el armario, involucraba todos mis sentidos en mis sesiones de manifestación a través de la narración.

Usaba mi imaginación para pintar una imagen detallada de lo que quería experimentar. Utilizaba mi voz interna para ordenar con convicción. Mis oídos internos podían escuchar el reconocimiento y los elogios provenientes de futuros testimonios de mis clientes. Mi lengua literalmente salivaba al visualizar la exquisita comida de celebración que comería después de alcanzar un nuevo hito financiero. Mi corazón se derretía como mantequilla tibia al sentir la alegría de pasear por la playa en familia.

Me sumergía en los detalles, sumando todos mis sentidos al arte de contar historias. Dirigía todo mi enfoque hacia la creación consciente, a través de mi mente y mi voz, de la vida que estaba a punto de experimentar.

Cuanto más ricos sean los detalles, más rica será la experiencia, y más rica será la manifestación. Dejar volar tu imaginación infundiendo cada elemento de tu historia con una profundidad decadente es cómo la potencias.

Aún hoy sigo cosechando frutos de muchas de las semillas que planté durante mis sesiones cuánticas de narración en el vórtice.

Clientes que todavía crecen conmigo hoy. Mentores que me han mostrado un nuevo mundo espiritual. Amigas que se sienten como hermanas. Este proyecto de libro, siendo solo algunos ejemplos.

Y aunque muchas de mis manifestaciones se presentan de manera diferente o en formas y plazos inesperados, son el subproducto del nivel de energía enfocada que generé al involucrar todos mis sentidos.

Cuanto más vibrante y deliciosa sea mi visión, más placentera es la experiencia cuando se materializa.

Sumergiéndote completamente en los detalles, doblas las leyes del tiempo y co-creas los resultados más exquisitos.

Durante esos dos meses de crisis, utilicé el poder de la narración para transformarme en una mujer extraordinaria. Una madre elegante, una mujer de negocios apasionada y una esposa dedicada.

Lideré a mi familia con calma a través de un capítulo turbulento, asegurando que mi hogar fuera un santuario de curación lleno de amor, calidez y nutrición. Y que mis hijas tuvieran una madre atenta y empática para calibrarse cada día.

Crecí mi negocio en un 100% trabajando solo 8 horas a la semana. Construí una red de apoyo de increíbles aliados y cultivé relaciones extraordinarias. Exploré un nuevo límite de mi liderazgo y afilé mi marca y mi habilidad.

Profundicé mi relación íntima con mi esposo. Su caída literalmente se convirtió en mi ascenso. Y la crisis de curación que necesitábamos para llevar más de nuestra individualidad a nuestra unión y nuestro amor.

Sus médicos le dijeron que su tiempo de recuperación fue el más rápido que jamás habían visto. Estaba de vuelta en el campo de fútbol en cuestión de meses, y su cuerpo nunca se sintió más fuerte.

Tienes el poder en cualquier momento de comenzar a hablar una nueva vida a la existencia. El mundo que te rodea se crea en el estudio de tu mente a través de los sonidos de tu propio narrador interno. Si no es la línea argumental en la que quieres vivir, depende de ti iniciar un giro en la trama.

Un nuevo nivel de tus habilidades para manifestar se desbloqueará a medida que aproveches el potencial creativo de la narración.

Comandar tu narrativa, elaborar tu propia historia, desarrollar tu personaje y comprometer todos tus sentidos son las habilidades que necesitas para convertirte en el director de tu realidad y el manifestador de los deseos más salvajes de tu corazón.

Si no amas la historia en la que estás ahora.

. . .

Da vuelta la página. Y simplemente comienza a escribir una nueva.

# CAPÍTULO 2
# EL CÓDIGO: EL NIÑO INTERIOR
### ANDI TURCZA

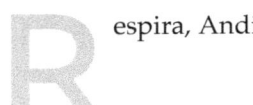 espira, Andi.

Solo respira.

Puedo escuchar los latidos de mi corazón y mis pensamientos espiralizándose fuera de control mientras camino de un lado a otro por mi pasillo, embarazada de nueve meses. Esto es, mi bebé está llegando.

Estoy aterrorizada. Lágrimas rodando por mis mejillas. NO.

Intento tragar el miedo, pero no puedo.

He tomado todas las clases y he leído todos los libros, pero nada me preparó para esto y estoy asustada hasta la médula. He fallado virtualmente en todo en mi vida. Y no quiero fracasar en convertirme en madre ahora. Han pasado tres años desde la última vez que hablé con mi papá, pero puedo escuchar el sonido de su voz reproduciéndose en un bucle en el fondo de mi mente, como si estuviera parado justo detrás de mí.

*"Eres estúpida. No puedes hacer nada bien."*

Es como si sus palabras estuvieran quemadas en mi cerebro.

Sintiendo una oleada de terror, me pregunto: *"¿Es esto lo que se siente al saltar de un avión? No. Esto tiene que ser peor. ¿Por qué estoy tan asustada? Millones de mujeres tienen bebés todos los días. Esto debe ser normal, tal vez no soy normal."*

Me cuestiono a mí misma mientras la vergüenza se arrastra y se mezcla con el terror. Luego, trato rápidamente de tranquilizarme, pero es demasiado tarde.

No hay vuelta atrás ahora.

Estoy camino al hospital, aún sin entender y sin poder procesar lo que está sucediendo. Nueve meses no parecieron suficientes. Entonces me golpea: estoy absolutamente petrificada de convertirme en madre.

La estancia en el hospital se siente fría, larga y agotadora. Me dan todas las drogas que puedas imaginar. Me dicen que contenga la respiración y me quede quieta mientras me inyectan la epidural en la columna vertebral. Seis minutos, que parecen una eternidad absoluta.

Me siento tan sola. Tan asustada. Tantos pensamientos corriendo. La medicación comienza a hacer efecto y ahora me siento adormecida. Empujo durante horas y, finalmente, llega mi bebé de 9 libras y 2 onzas. Llora y está sano con 10 dedos y 10 dedos de los pies, todo perfectamente en su lugar. Lo llamamos Antonio.

El alivio de su nacimiento saludable no dura mucho.

*"¿Cómo diablos voy a hacer esto?"*

El miedo inunda mi sistema con toda su fuerza, como una represa de agua que explota. No puedo sacar la voz de mi papá de mi cabeza.

*"Eres tan estúpida. Eres un fracaso."*

El terror se intensifica al saber en mi interior que no recibiré ayuda de nadie, ya que soy un fracaso tan estúpido. En este punto, no se me ha ocurrido que mi papá estaba equivocado. Todavía creo todo lo que dijo sobre mí.

*Solo respira, Andi, simplemente sigue respirando.*

Las próximas semanas en casa con mi recién nacido son un torbellino sin descanso. No puedo reconocer mi reflejo. Es un torbellino intenso. Me vuelvo hacia Dios. Aunque no soy espiritual en absoluto, estoy desesperada por alguna especie de poder superior que me llene de esperanza.

Mi esposo y yo estamos en terreno inestable, y las cosas empeoran rápidamente. No me queda energía para él. Me culpa por todo lo que sale mal. Y me siento tan enojada, triste, asustada y sola. Pierdo los estribos todo el tiempo. Le grito para tratar de hacer que haga más. Me disculpo de inmediato, diciéndole que estoy abrumada y cansada, que no digo las cosas horribles en serio, pero que estoy desesperada por su ayuda que nunca parece llegar.

Con cada arrebato, de inmediato me arrepiento. Pido disculpas. Ruego por perdón.

*"Soy tan estúpida. Mi papá tiene razón de nuevo."*

Todo se siente como mi responsabilidad. Mi esposo parece no tener nada que ver con el bebé, la casa y las facturas. ¿No tengo derecho a molestarme aquí? Amo tanto a mi esposo y, hasta que nació mi hijo, hice todo por él. Sin embargo, poco a poco estoy reconociendo cuánto recibo a cambio. Aún así, parece que no puedo irme.

Es el medio de la noche cuando escucho llorar a Antonio. Estoy hirviendo de resentimiento mientras me levanto para alimentarlo. Me siento tan enojada porque nada de lo que pedí se hizo de nuevo ese día, así que murmuro algo grosero mientras salgo de la habitación. Cuando llego a la cuna de Antonio, respiro hondo y lo levanto. Se siente tranquilo aquí. A finales de noviembre, en medio de la noche. Cojo una manta pequeña y la coloco sobre mis hombros. Mi bebé tiene solo tres semanas, y realmente amo estos momentos tranquilos y acogedores juntos.

Mientras lo amamanto, miro por la ventana hacia la noche oscura. Solo hay un par de estrellas en el cielo esta noche. Las miro, dejándome perder completamente en la espiral de mis pensamientos.

"¿Por qué mi esposo no es más solidario? ¿Por qué no está más presente? ¿Por qué no quiere participar en las comidas? ¿Por qué no quiere oler y mirar al bebé? ¿Qué estoy haciendo mal? Quizás no me ama".

La vergüenza y la culpa me golpean con fuerza.

*"Tal vez estoy demasiado gorda. Demasiado fea. ¿Cómo puedo arreglar esto? ¿Cómo puedo proteger a mi bebé y dejar de sentirme así? ¿Y si puedo hacer más? Imaginé tener un bebé rodeado de amor. Imaginé que haríamos todo juntos. Mi esposo solo se aleja más y más, siempre hay algo mal. No está feliz".*

De repente, la puerta se abre y mi esposo entra, se sienta a mi lado y confirma lo que mi mente ya sabe que es cierto: no está feliz.

Aquí está, pienso. Quiere dejarme.

. . .

Lo miro con ojos cansados y digo: *"¿Crees que este es el momento adecuado para hablar de esto?"*

Luego suelta: *"¡Necesito más! ¡Necesito más de este matrimonio!"*

Miro hacia abajo a mi precioso bebé y luego lo miro a él y digo: *"¿Cuánto más puedo darte? Acabo de darte un hijo."*

Es en este momento que él pide un trío.

Esto cambia todo para mí.

Aferro a mi bebé con más fuerza. Las lágrimas bajan por mis mejillas. *¿Qué diablos le pasa? ¿Qué hice para merecer esto?* No es la primera vez que menciona esto, pero siempre lo ignoro, esperando que simplemente desaparezca. *¿Por qué no fui suficiente para él? Acabo de darle el mejor regalo que alguien podría dar, ¿y aquí está diciendo que no será feliz hasta que le dé más?* Estoy disgustada. Estoy triste. Y siento que me estoy deprimiendo. Todo lo que quiero hacer es cuidar de mi bebé.

Después de esa noche, empiezo a desarrollar un profundo odio hacia mi esposo, pero elijo ignorar la verdad y mentirme a mí misma al respecto. No me siento lo suficientemente buena para nadie más. No quiero terminar divorciada como mis padres. Parece que no tengo más opción que quedarme con él, así que evito mis sentimientos a toda costa.

. . .

Paso mis días sintiéndome lástima a mí misma y rezándole a Dios para que algo cambie y de alguna manera todo se resuelva. Nunca volvemos a hablar de esa noche. Parece una pesadilla, una que nunca olvidaré.

El próximo año está lleno de decepciones, ya que sigo asumiendo la culpa de todo voluntariamente. Mi esposo viene y va a su antojo. Continúa con su estilo de vida, sus amigos y sus deportes, mientras yo me quedo en casa sola cuidando de nuestro bebé. Está lejos de la vida familiar perfecta que había imaginado. Grito y lloro, pero él siempre está tan tranquilo y solo señala lo loca que estoy. Y lentamente, le creo más y más.

Mi dolor se convierte en mi oscuro y profundo secreto. Nadie sabe cuán mal estoy. Siempre pongo una sonrisa y finjo que todo está bien, pero la verdad es que me estoy muriendo por dentro. Nadie sabe que lo odio físicamente. Nadie sabe que la única razón por la que sigo viviendo es por mi precioso hijo.

Mi fingir se vuelve tan convincente. No solo me convenzo a mí misma, también convenzo a mi esposo de que somos una pareja perfecta. Él me dice que nada lo haría más feliz que tener otro bebé, y por supuesto, le creo.

Esta es mi oportunidad. Seremos tan perfectos. Solo los cuatro.

25 de diciembre de 2013.

Rumbo al hospital vamos.

.   .   .

Esta vez las cosas son diferentes. No practico mi respiración. Soy mucho más segura. Estoy más fuerte. Estoy mentalmente preparada. Y tengo un plan. Llego al hospital y les digo de inmediato que no quiero ninguna droga durante mi parto. Tomo el control.

Unas horas después, pienso que tal vez cometí un error. Pero las cosas se mueven rápidamente. El dolor es intenso, pero me concentro. Puedo hacer esto, me digo a mí misma. Es el dolor más intenso que he sentido en mi vida, pero estoy al mando de mi cuerpo y tranquila.

Empujo tres veces. Y en solo 15 minutos, termino. Mi plan funciona. Sin epidural, sin drogas, totalmente consciente de cada sensación, doy a luz a mi bebé Michelangelo, de 11 libras y 2 onzas, al mundo.

Sosteniendo a mi nuevo bebé por primera vez, siento alivio.

Pero no pasa mucho tiempo antes de que la ansiedad se cuele. Me digo a mí misma que es por el ruido a mi alrededor. Muevo la cabeza, esperando que se quite la energía nerviosa, pero no lo hace. Sigo pensando nooo, no quiero sentir esto de nuevo. ¡Estoy tranquila! ¡Estoy lista! ¡Hoy no! Pero la ansiedad se queda.

Entonces me doy cuenta: ahora tengo dos bebés.

Una vez que llego a casa, las cosas se ponen interesantes. Antonio, ahora de dos años, me llama mientras estoy alimentando a Michelangelo.

. . .

*"¿Dónde está su papá?"*

No está presente, como siempre, y la ansiedad me golpea con fuerza.

*"¿Qué diablos voy a hacer? ¿Dividirme en dos? ¿Cómo demonios voy a hacer esto sola?"*

Mi mayor miedo se hace realidad. Conscientemente, quiero creer que mi esposo me va a apoyar esta vez, pero en el fondo sé que no lo hará. No importa cuánto le ruegue, ya sea amable o grosera, sé que todo lo que le importa es el sexo, los amigos y el fútbol. Realmente no le importo. Y es entonces cuando me encuentro en la negación. Sigo viendo destellos del divorcio de mis padres en mi mente. Muevo la cabeza diciendo que no. Me digo a mí misma que nunca nos separaremos.

Así que simplemente me convierto en una madre soltera que vive con su esposo. Deja de ser parte de todo lo que hacemos y me canso de pelear con él. No quiere contribuir en nada y siempre me hace sentir mal por pedirle que participe en salidas. Parece que no puedo seguir así. Rogándole que saque la basura. Rogándole que corte el césped. Rogándole que ayude con los pañales. Rogándole que vaya a trabajar. Las tareas son interminables. Sé que el matrimonio no es fácil, pero esto parece ridículo. Como si hubiera casado con un niño perezoso.

Siempre me dice que me ama, aunque no se siente como amor. Creo sus mentiras, o al menos quiero que sean verdaderas. Me siento confundida a su alrededor.

. . .

A menudo dice cosas que me hacen cuestionar la realidad. Me dice que mis sentimientos no son válidos y que me estoy imaginando cosas. Habla tan calmada y amablemente conmigo, que le creo. Y en serio comienzo a pensar que estoy perdiendo la razón.

Ahora estamos en 2016, y después de años de innumerables peleas, le ruego que vaya a terapia de pareja. Se niega. Y esto me lleva de vuelta a los seis años, escuchando a mis padres pelear. Lo odiaba. Y me doy cuenta de que no quiero criar a mis hijos en el mismo ambiente. Este despertar me impulsa a buscar ayuda y comienzo a ir a terapia solo, una decisión que cambia la trayectoria de mi vida para siempre.

Comienzo a aprender sobre el abuso narcisista y de repente todo lo que he experimentado en mi matrimonio comienza a tener sentido. Me entristece porque ahora puedo ver claramente sus tácticas de manipulación. Pero también me siento emocionada y feliz de alguna manera, al finalmente recuperar mi cordura.

Durante los dos próximos años, estudio todo lo que puedo sobre el narcisismo.

Leo libros y artículos de investigación, devoro videos en YouTube y aprendo de las luchas de otras personas en línea. Me identifico mucho con todo y comienzo a ser consciente de los patrones narcisistas que se desarrollan en nuestra relación. Empiezo a cambiar la forma en que respondo y dejo de permitirle que me manipule.

Me sumerjo en libros de amor propio, autorespeto y autovalor, y comienzo a sanar verdaderamente. Encuentro mi fuente interna de amor y desentraño los patrones que me llevaron hasta aquí. Dejo de permitirle que se alimente de mí y finalmente tengo el valor de dejar nuestro matrimonio.

En 2019, él se muda.

**Soy libre.**

Y se siente emocionante.

Después de que se va, me doy cuenta de lo pesada y opresiva que era su energía todos esos años. Dejo de sentir miedo todo el tiempo. Y eventualmente, la ira y el odio también desaparecen. Llego a un lugar donde solo quiero paz. Estoy cansada de las historias sin sentido, las mentiras, la manipulación, el gaslighting y el love bombing. Quiero mostrarles a mis hijos, ahora de cinco y siete años, cómo es el amor saludable.

Y me doy cuenta, aunque he encontrado mi salida, que es importante entender cómo encontré mi camino dentro de nuestro matrimonio tóxico en primer lugar. Necesito comprender cómo me casé con un narcisista.

Mientras estudio el narcisismo, reconozco los mismos patrones y rasgos que mi esposo mostró en nuestro matrimonio, mi madre también los tenía cuando yo era niña. Me quedo atónita. Es un gran avance. Toda mi vida pasa ante mis ojos. Muchos recuerdos de ser manipulada, desestimada y manipulada. *"Estás loca. Realmente no sientes así. Debes estar imaginando cosas."*

. . .

Todo tiene sentido ahora. Terminé con un narcisista porque eso era lo que sentía como amor. Él me trató exactamente como mi mamá me trataba. Una parte de mí se siente aliviada de finalmente llegar a la raíz del patrón, mientras que otra se siente intimidada por el largo camino de curación y recuperación que tengo por delante.

Decido que es hora de empezar a asumir la responsabilidad de todo en mi vida. Comienzo a ver mi personalidad de complacer a la gente en todas partes. Pero ahora entiendo que en realidad no me está sirviendo. No me mantiene realmente a salvo. Mi deseo de arreglar a las personas rotas, mi necesidad constante de amor y mi naturaleza sobreapologética no se deben a otras personas, sino a cómo me siento acerca de mí misma.

Cuando llega la pandemia, paso mi tiempo dentro y fuera del confinamiento con mis hijos y perros reconstruyendo mi vida. Dentro de este capullo, me llevan a una de las facetas más importantes de mi viaje de curación: mi propia niña interior.

Encontrarla es otro momento que cambia la vida.

Descubrir que todos mis sentimientos son en realidad válidos y que mis desencadenantes simplemente me muestran dónde tengo una herida de la niña interior por sanar, cambia todo para mí. Aprendo el arte del perdón. Y me perdono a mí misma. Veo las formas en que no me valoraba y cómo el universo reflejaba esta herida a través de mi pareja.

Que todo este tiempo había una niñita herida dentro de mí que pedía amor.

Desenterrar a mi niña interior me ayuda a encontrar el regalo en mi divorcio. A pesar de todo el dolor, la ira y los años de sufrimiento, me siento profundamente agradecida, porque desempacar todo eso fue el catalizador de tanto crecimiento, expansión y curación.

Debido a mi divorcio y las lecciones que vinieron con él, finalmente siento que puedo amarme verdaderamente a mí misma. Y esto me ha llenado de deseos de ayudar a otras personas también.

## MATERIALIZÁNDOTE A TRAVÉS DE TU NIÑO INTERIOR

Hoy trabajo como coach de manifestación cuántica, y la sanación del niño interior es una parte importante de lo que enseño a mis clientes. Es una pieza crucial del rompecabezas de la manifestación.

Cuando hablamos de la sanación del niño interior, nos referimos a curar a la pequeña persona dentro de ti. Cierra los ojos por un momento e imagínate a ti mismo a los cinco años. Puede sentirse como si esta versión de ti fuera solo un recuerdo del pasado, pero lo que muchos de nosotros no nos damos cuenta es que nuestros niños internos están muy vivos dentro de nosotros. A veces incluso son quienes están al mando, especialmente cuando tenemos dolor no resuelto. Al conectar con nuestros niños internos y darles la oportunidad de expresarse plenamente, el dolor que hemos estado cargando todos estos años se alquimiza y transforma, liberando más energía para crear y manifestar.

## EXPRESA LA EMOCIÓN

Cuando trabajo con mis clientes, los llevo atrás en el tiempo con una serie de preguntas para provocar recuerdos de incomodidad, tristeza, enojo, frustración, odio, culpa, pesar, etc. Luego, trabajo con ellos para identificar la emoción asociada al recuerdo. La intención es centrarse en la sensación atrapada y brindarle el espacio y la oportunidad de ser completamente sentida.

Si tu madre nunca te permitió expresarte cuando eras una niña y siempre ignoró tus sentimientos, en lugar de gritarle como adulto y decirle cómo deberías haberte tratado, le das a tu niña interior la oportunidad de expresar sus sentimientos.

Aquí tienes un ejemplo de mi propia infancia. Cuando era niña, odiaba la carne, pero mi madre siempre me obligaba a comerla y me hacía creer que me gustaba.

En una sesión de sanación en torno a este recuerdo, mi niña interior de seis años diría: *"¡Mamá, eres tan mala! Siento lo que siento. Deja de decirme que no puedo sentir esto. Deja de decirme cómo se supone que debo sentirme. Me entristece. Me enfurece. ¡Deja de decir que me gusta la carne cuando te sigo diciendo que no! Te odio. ¡No sabes cómo me siento!"*

Doy a mi niña interior la oportunidad de expresar sus sentimientos por completo. No la edito, no la censuro ni la freno. Si necesita gritar, patear, saltar o pisotear, la dejo. El objetivo es dejar salir todos los sentimientos.

· · ·

Puedes usar una almohada o una silla y pretender que esa almohada o silla es tu mamá, papá, hermano, hermana o quien sea a quien quieras expresarle tus sentimientos, y permitir que esa personita dentro de ti hable y se exprese completamente.

Di lo que sea necesario para liberar el dolor que has estado guardando todos estos años. Esto es terapéutico porque estás reconociendo los sentimientos de esa personita por primera vez. Y cuando haces esto, algo mágico sucede. Liberas todo tu dolor. Sabrás que lo has dejado ir en su mayor parte cuando sientas que no queda nada por decir. Es como si una sensación natural de conclusión te envolviera. Cuando sientas esto, estarás listo para el siguiente paso: *el perdón.*

El perdón es una lección completamente diferente. Puede que te sientas listo para perdonar y las palabras fluyan fácilmente desde tu corazón. O puede que aún no te sientas completamente listo y está bien, incluso declarar que quieres perdonar a alguien abre espacio para la curación y la liberación. El universo se encargará del resto.

## ESTABLECER LA CONEXIÓN

Luego, deseas crear una conexión entre tu yo adulto y tu niño interior. Con los ojos cerrados, visualízate como un adulto, arrodíllate y abraza a tu pequeño, míralo a los ojos y dile *"Te amo, estoy aquí para ti y siempre te apoyaré".* De ahora en adelante, coloca su foto en algún lugar donde la veas todos los días y verifica conscientemente en cómo se encuentra. Puede haber momentos en los que se necesite más sanación y liberación.

Cada vez que te mires al espejo, di: "Te amo", porque no solo lo estás diciendo a tu yo adulto, sino que también se lo estás diciendo al niño interior que desea nada más que amor y expresión propia.

Y cada vez que sientas la urgencia de hablarte negativamente, recuerda que también estás diciendo esas palabras a tu niño interior. Cada vez que te menosprecias, cada vez que te llamas estúpido, en realidad estás hablando con ese lindo niño que llevas dentro. Ellos escuchan todo.

## CUIDA DE TI MISMO

Cuanto más cuidas a tu niño interior, más aumentas tu capacidad para vivir plenamente y manifestar poderosamente en tu vida. Conéctate con ellos diariamente. Pregúntales qué quieren comer, a dónde quieren ir y qué quieren hacer. ¡Déjalos divertirse! No puedo decirte cuánta alegría y vitalidad esto desbloquea. Cambia toda tu vibración, lo que hace mucho más fácil resonar en la frecuencia de tus deseos.

También es importante que comiences a utilizar tus desencadenantes como oportunidades para ser el padre de tu niño interior. Cada vez que sientas miedo, tristeza, enojo, recuerda que estos sentimientos son aceptables y normales. Simplemente reconócelos, exprésalos y siéntelos completamente. Recuérdales a tu niño interior que estás aquí para protegerlos, que los respaldas, y observa cómo se calma rápidamente tu sistema nervioso.

## CÓMO EL TRABAJO CON EL NIÑO INTERIOR ME AYUDÓ A MANIFESTAR MIS SUEÑOS

Me he convertido en una mujer completamente nueva gracias a la sanación de mis niños interiores. Amo todas las partes de mí. Siento una confianza natural. Sé cómo establecer y mantener límites saludables. He hecho las paces con mi pasado y continúo sanando mi trauma a medida que se presenta.

He pasado de ser una ama de casa en un matrimonio miserable a ser una madre soltera que dirige dos negocios, algo que nunca me habría imaginado capaz de hacer antes de sanar a mis niños interiores. Ahora estoy completamente al mando de mi vida. Mi horario es flexible, así que siempre estoy disponible para mis hijos. Amo a mis clientes. Y el trabajo que hago me llena a nivel del alma. Mi vida es un sueño hecho realidad.

Reconozco y acepto todas mis emociones. Ya no me culpo por sentirlas. Ahora entiendo que nuestras emociones son nuestro sistema de guía. Vivo mi verdad y me presento sin disculpas, auténticamente yo, sin preocuparme de si la gente me va a aceptar o no. Ya no me esfuerzo por complacer a los demás. Esto es muy importante para mí. En cambio, sintonizo con lo que deseo y lo que mi cuerpo necesita de mí. Mis sentimientos son lo primero y luego tomo decisiones a partir de ahí.

Elijo la paz sobre el drama diariamente. Me elijo a mí antes que a cualquier otra persona. Esta nueva versión de mí misma está realmente manifestando una vida de la que sentirme orgullosa y lo mejor de todo es que sé que es solo el comienzo de mi historia. Con este nuevo poder, no hay límites para lo que puedo crear en mi vida.

Aquí tienes una pequeña muestra de la magia que he estado manifestando a través de mi niña interior.

• • •

Una noche de viernes a finales de 2022, me reía con una amiga y compartí cuánto deseaba mudarme porque nuestra casa actual tenía demasiadas escaleras. Nos reímos y lo olvidamos. Pero el siguiente lunes mi arrendador me pidió que me mudara. Estaba sorprendida. ¿Qué hice, pensé? Manifesté esto y ni siquiera estaba segura de querer irme. Realmente no estaba en posición de mudarme financieramente. Debería haber estado devastada, pero confié en que estaba siendo guiada divinamente.

Algo de miedo se filtró y ahora, cuando lo siento, lo acojo. Simplemente me di el permiso de sentir mis emociones durante una tarde. Así es, me di una tarde para llorar todo.

Al día siguiente, me pongo a trabajar, tomo mi diario favorito y escribo exactamente lo que quiero y necesito para mi familia. No permito que me desanime el difícil mercado de alquiler o el miedo que la gente proyecta sobre mí. 13 días después, encuentro mi lugar soñado con un nuevo arrendador increíble. La mudanza costó $7000, con el primer y último mes de alquiler. Entra mi ansiedad. Pero en lugar de entrar en pánico o reprimirlo, lo siento completamente, rezo a Dios y me voy a dormir.

Al día siguiente, mi arrendador me envía un mensaje diciendo: *"Fuiste la mejor inquilina que he tenido. Lo siento mucho, tuve que pedirte que te fueras. Pagaré tu primer y último mes de alquiler."* ¡El universo siempre provee!

En ese momento, estoy conduciendo un Nissan Rogue 2016, y comienza a darme problemas. Nada grave, solo desgaste, pero era molesto tener que llevarlo constantemente al mecánico. En pocos meses gasté $2000 en reparaciones y ya había tenido suficiente. Libero mis emociones y le pido al universo que se encargue, confiando plenamente en que todo funcionará.

En mi camino a casa, llamo a mi amiga y le digo que he dejado de ir al mecánico.

*"Es hora de que el universo me envíe un coche nuevo"*, digo medio en broma.

Ambas nos reímos, y lo olvido por completo.

Pero al día siguiente, recibo una llamada del concesionario. Es un sábado por la noche y tengo algunos amigos en casa, así que pongo el teléfono en altavoz.

*"Felicidades"*, dice la mujer al otro lado de la línea. *"¡Te has ganado una actualización gratuita!"*

Ahora realmente pensé que era una broma. Pero ella hablaba en serio.

Una semana después, el mismo día en que se suponía que debía llevar mi coche al taller para una reparación, me voy conduciendo en mi nuevo Nissan Rogue 2019. La actualización perfecta, entregada justo a tiempo por el universo.

Lo imposible se estaba volviendo posible para mí. Compartir é uno más.

. . .

Después de manifestar mi nuevo hogar y coche, un amigo me pide que cuide de su gato. ¡Digo que sí! El trabajo dura cinco días. Pero eso es todo lo que necesito para enamorarme completamente de Pepper. Cuando viene a recogerlo, me siento totalmente devastada. No puedo entender qué me está pasando, pero me permito sentir mis emociones y conectar con mi niña interior.

Una noche estaba bromeando con mis amigos y dije en voz alta cuánto deseaba que mi amigo me diera a Pepper. Sentía que era un deseo imposible. Quiero decir, ¿quién regalaría a su querida mascota? Hice las paces con el hecho de que el gato no sería mío e abrí mi corazón a la idea de tener otro gato. Escribí una carta al universo pidiéndole que nos enviara a nuestra familia la mascota perfecta.

Una semana después, mi amigo me envía un mensaje y me pregunta si quiero a Pepper. Estoy completamente sorprendida. *¿Literalmente acabo de manifestar lo imposible? ¿Cómo está sucediendo esto?*

Mi respuesta es un sí rotundo.

Nuestra familia manifestó la mascota perfecta.

Y mi niña interior está llenísima de alegría.

# CAPÍTULO 3
# EL CÓDIGO: VISUALIZAR, ACTUAR Y CONFIAR

## CHARISSA LYNN

La casa aún estaba oscura; nuestro pequeño shih tzu blanco y negro, Charlie, arañaba la puerta ladrando para que lo dejaran entrar desde la helada lluvia que caía. Mi taza de té, antes caliente, se enfriaba minuto a minuto. Las cortinas estaban abiertas, pero el sol aún no había salido; mientras el mundo esperaba que el día comenzara, el mío ya estaba en marcha.

Mi bebé hacía pequeños sonidos de arrullo mientras le cambiaba el pañal. Lo coloqué suavemente boca arriba y observé cómo pateaba y chillaba de alegría al son de las canciones de cuna que sonaban alegremente desde su tapete musical. Decidí omitir nuestra habitual sesión de tiempo boca abajo. No era su favorita y, honestamente, tampoco la mía. Siempre trataba de evitar la posibilidad de un desastre temprano en la mañana. ¿Quién quiere empezar el día con un bebé llorando y una niña de tres años derramando leche de cereal por todo su regazo? Ya me sentía como un zombi. Con niños tan pequeños, la supervivencia era mi enfoque principal, sin importar el costo.

· · ·

Estaba desplazándome por las redes sociales sin rumbo, como la mayoría de las madres que aspiran a conservar la cordura. Buscaba una manera de escapar de las tareas cotidianas de ser madre de dos pequeños. Cuando algo llamó mi atención. Dejé de desplazarme al instante y vi una publicación que destacaba como un diamante entre un montón de trozos de carbón negro copiados en serie. Superficialmente, no era nada impresionante. Pero captó por completo mi atención.

*"Miren lo que está vendiendo mi amiga. Bombas de baño. ¡Su negocio está despegando!"*

Miré la mal iluminada foto de bombas de baño verdes hechas a mano, atadas en una bolsa de celofán arrugada con cintas verdes lima de baja calidad deshilachadas en los extremos. Las bombas de baño estaban dispuestas en una bandeja de plástico blanco, como diciendo *"ven por mí"* o *"puede que sea barato, pero es mejor que nada"*.

Mi reacción egocéntrica instantánea fue: *"Puedo hacerlo mejor que eso"*.

No me malinterpreten, era increíble que esta amiga-de-una-amiga en las redes sociales hubiera tomado el tiempo para crear un producto a mano y luego tuviera el coraje de venderlo. Le daría un trofeo si tuviera uno. Claramente tenía una valentía que la mayoría no posee. Tenía una idea y realmente actuó en consecuencia. Ver su publicación activó algo profundo dentro de mí. Sabía que si esta mujer estaba ganando una fortuna simplemente fabricando bolas de ácido cítrico efervescente, con un toque de manchar tu bañera de verde duende, entonces yo, una maestra de jardín de infantes, con dos hijos aferrados a su cadera, usando cafeína y palillos para mantener los ojos abiertos, podría hacer lo mismo.

Con confianza y una actitud emprendedora como la mía, sabía con certeza que la superaría con creces. Sabía que también podía hacerlo, pero un billón de veces mejor. Sentía que podía convertir esto en algo masivo, de una manera que los humanos comunes y corrientes, que juegan a lo seguro, nunca intentarían hacer. Y así lo hice.

Mirando hacia atrás, esa mañana de desplazamiento en las redes sociales fue una intervención divina. Fue el comienzo perfecto de una historia de manifestación que desafía la mente.

*DOS MESES ANTES...*

*"Babe, ven con una idea"*, dijo mi esposo Andrew, soltando la frase de manera medio bromista.

Ya sabes, ese tipo de declaración que hace tu pareja, donde en realidad no lo dicen en serio, pero al mismo tiempo te dicen, vamos, ¡te dejaré salvar el día! Sí, ese fue el tipo de mensaje verbal inocente que salió de su boca en esa aburrida noche de viernes. Andrew y yo, ambos jóvenes padres, estábamos viendo Shark Tank como nuestra forma de entretenimiento, mientras aún lamentábamos nuestras noches tardías sin bebés tomando en el famoso bar del centro de Londres, Ontario, Joe Kools. Ahí es donde nos conocimos, balanceándonos juntos en la abarrotada pista de baile antes de salir a las calles del centro de la ciudad enlazados, mientras yo cantaba la nueva canción de Rihanna, "We Found Love". Devoramos pizza caliente y pegajosa, completamente inconscientes de que un día, en un futuro no muy lejano, estaríamos casados con hijos. Pero eso es otra historia para otro día. Por ahora, continuemos con esta.

*"Vamos a ser millonarios"*, dijo mi esposo con indiferencia.

Nuestra hija Lia, de 3 años, acababa de quedarse dormida. Estaba meciendo a nuestro bebé Jaxon en la mecedora de madera, usando mis habituales pijamas de poliéster estirados y manchados, los únicos que me quedaban a los tres meses de dar a luz. Esperaba que Jaxon se quedara dormido el tiempo suficiente para que Andrew y yo pudiéramos disfrutar de una noche tranquila juntos siguiendo nuestra rutina de los viernes: Shark Tank.

Nos encantaba ver a estos ambiciosos aspirantes a empresarios realizar sus presentaciones ensayadas frente a un grupo de inversores multimillonarios con la esperanza de que aportaran el tipo de capital y experiencia que podría llevar su negocio al siguiente nivel.

Era el tipo de programa que la mayoría de las personas comunes veían, con la cara verde de envidia, mientras se pateaban a sí mismos pensando: *"¿Por qué diablos no se me ocurrió eso?"* O mejor aún, miraban a su pareja como la mía hacía y preguntaban: *"¿Por qué no se te ocurrió eso?"* Como Andrew, siempre el bromista, le encantaba hacer regularmente.

Pero esta noche fue diferente, en lugar de mis habituales gestos de desagrado y réplicas sarcásticas, me invadió un sentimiento. Sentí este impulso en mi cuerpo y escuché una voz suave que me susurraba: *"sí, ¿por qué no se te ocurre algo, Charissa?"* Y así me puse manos a la obra. No lo sabía entonces, pero esa noche abrí la puerta para manifestar mi propia empresa millonaria, de una manera que nunca podría haber predicho.

*"Puedo hacerlo mejor que eso"*, repetí para mí misma, esta vez con mucha más convicción.

Había estado tratando de encontrar una idea de negocio innovadora día tras día, pero nada parecía lo suficientemente prometedor como para tomar medidas. Un par de noches después, durante otro de nuestros aburridos viernes de Shark Tank, le dije a mi esposo: *"¿Qué tal una pulsera elegante que se ajuste a tu muñeca con un bolígrafo al final? ¡A todos los niños de la escuela les encantaría esta invención! Una pulsera que se convierte en bolígrafo"*.

Pero como maestra, no tardé mucho en darme cuenta de que esta no era la mejor idea. Los niños podrían pincharse accidentalmente y las pulseras elegantes son ruidosas y distraídas. Vaya. Seguí dando vueltas a mi cerebro, tratando de forzar la aparición de una idea creativa. Ansiaba convertirme en una de esas emprendedoras millonarias.

Una parte de mí aún estaba en shock de que esta desconocida virtual estuviera haciendo una fortuna vendiendo sus poco atractivas bombas de baño verdes. No podía quitármelo de la cabeza. Sentí como si hubiera sido guiada divinamente hacia su foto esa oscura mañana de invierno. ¿Quizás esta era mi oportunidad de un millón de dólares? Decidí investigar.

· · ·

Abrí el navegador en mi teléfono y escribí en la barra de búsqueda de Google *"cómo hacer bombas de baño"*. Nunca había hecho un producto de belleza en mi vida, pero tenía este fuego y emoción en mi cuerpo que no podía ignorar. Ya sabes, ese tipo de fuego donde tu intuición está gritando *"hazlo"* y tu yo humano está tratando de decidir si es lo suficientemente valiente como para seguirlo. Ese es el tipo de fuego del que hablo. Estaba llena de valentía ese día. Elegí escuchar a mi intuición y tomé medidas.

*"¿Podría ser este mi movimiento de un millón de dólares?"* me atreví a soñar en voz alta.

Poco sabía yo que estaba en el camino para manifestar exactamente lo que deseaba.

## SIEMPRE ESTUVO AHÍ

Crecí sin la mentalidad de pensar en grande con respecto al dinero. Mis padres eran de clase media. Mi padrastro trabajaba largas horas colocando pisos en hogares, desgastando sus rodillas con cada momento que pasaba, jurándole a mis tres hermanos y a mí que un día ganaría la lotería y seríamos ricos. Mi madre cuidaba niños en casa, era maestra y una artista increíblemente talentosa que vendía su arte como ingreso adicional. Me criaron con la mentalidad de que tienes que trabajar duro para conseguir lo que quieres en la vida y aún así, aún podrías no obtenerlo siempre. Fue una crianza muy cautelosa acerca de lo que depara el futuro, lo que me llevó a muchos años de estar llena de miedo, temiendo tomar decisiones que podrían llevar a un desastre financiero.

· · ·

No sabía nada sobre la ley de la atracción. El concepto de que mis pensamientos y creencias creaban mi realidad me era totalmente ajeno. Pero sentía este conocimiento innato inexplicable en lo más profundo de mí. Una parte de mí entendía que podía obtener lo que quisiera de mi vida y que nada podía detenerme verdaderamente.

Durante años, fui completamente ajena al hecho de que tenía este conocimiento dentro de mí. Durante mucho tiempo, mis códigos de manifestación estaban presentes pero inactivos, esperando a que yo presionara el botón de reproducción y los activara. Y eso hice.

En pocos años, pasé de ser una ansiosa de 25 años que dudaba que alguna vez encontraría al hombre de sus sueños, a casarme con mi alma gemela y construir nuestra hermosa familia juntos. También inicié y escalé dos empresas increíblemente exitosas.

¿Esa idea que tuve de hacer bálsamos labiales esa noche viendo Shark Tank?

Bueno, lo hice.

Ahora soy la directora ejecutiva de la empresa de productos millonarios, Crushed. Vendemos nuestros productos de belleza para el cuidado posterior en todo el mundo. También dirijo una empresa de coaching de múltiples seis cifras, donde mentorizo a mujeres sobre cómo iniciar y escalar sus propios negocios.

· · ·

Manifesté la vida de mis sueños utilizando los códigos de manifestación que voy a desglosar para ti en este capítulo. Aplícalos a tus propios sueños y observa cómo se desarrolla la magia.

## # 1 | SABE QUE ES TUYO

Manifestar lo que deseas solo puede ocurrir si realmente crees que puede ser tuyo. Esto es difícil para la mayoría de las personas de aceptar porque sus vidas están llenas de evidencias de todas las veces que no obtuvieron lo que querían. Muchas personas han creado un sistema de creencias que opera bajo la premisa de que recibir lo que deseas está en manos del destino solo.

La verdad del asunto es que puedes tener todo lo que quieras si crees que es tuyo. Cuando sabes con certeza que es tuyo, es solo cuestión de tiempo antes de que aparezca en la realidad. Me gusta llamar a esto la frecuencia de certeza. En este estado, tu mente, cuerpo y alma están completamente seguros de que este sueño es tuyo, sin importar qué. Cuando tu propia frecuencia energética está en un estado de completa certeza, te conviertes en una coincidencia energética para recibir eso en tu realidad.

Piensa en tu sistema energético como una estación de radio. Sabes que quieres casarte con el hombre de tus sueños, tener hijos, la cerca blanca, el trabajo perfecto. Esta realidad existe en la frecuencia 111.1. Pero tus propios pensamientos, creencias y acciones no vibran en una frecuencia que coincida con esta estación. Actualmente estás operando en la frecuencia 77.7. En tu realidad actual, sales con hombres que carecen de compromiso, sientes que tu reloj biológico está corriendo, y estás atrapada en tu miserable trabajo de enseñanza. ¿Te suena familiar?

. . .

La única manera de manifestar la vida de tus sueños es comenzar a vivir y transmitir esa frecuencia. Aquí es donde entra en juego la certeza. Para experimentar la frecuencia 111.1, debes sintonizarte conscientemente con ella. Debes poner tu mente, cuerpo y alma en alineación con ella. Si no tomas conscientemente el mando de tu frecuencia, tu vida sentirá como si estuviera llena de estática, o peor aún, podrías terminar sintonizando la frecuencia 98.1, la estación de fácil escucha de los ancianos, y terminar manifestando lo contrario de lo que realmente deseas. Es importante limpiar cualquier tipo de tambaleo, incredulidad o incertidumbre en tu campo energético, ya que afecta tu frecuencia. La certeza y saber que lo que deseas ya es tuyo, es la primera clave para manifestar exactamente lo que quieres.

## # 2 | VISUALIZA EL SUEÑO

La siguiente clave es aprovechar el poder de la visualización. Cuando visualizas tu sueño desarrollándose, con la profundidad y detalle que te hace sentir que está sucediendo realmente, creas un campo de energía poderoso para la manifestación. Recuerdo cuando estaba fabricando mis bombas de baño, bálsamos labiales y jabones hechos a mano para Crushed Aftercare Inc. en mi sótano en casa, siempre me visualizaba teniendo un espacio de producción real fuera de la casa. Me imaginaba a empleados apoyándome dentro de una hermosa instalación. Lo veía tan claramente que un día le dije emocionada a mi amiga de negocios: *'Es como si ya hubiera sucedido'*.

Creo que en ese momento, cuando veía todo desarrollarse en mi mente, estaba accediendo a otro campo dimensional donde este deseo mío estaba ocurriendo en otra línea de tiempo. Y dependía de mí ajustar mi frecuencia energética para que fuera compatible con esa realidad exacta. Puede sonar un poco esotérico, pero créeme. Y si crees en múltiples realidades de existencia, sé que ya lo entiendes.

. . .

Tu mente subconsciente no distingue entre la realidad y la ficción, y esto es lo que hace tan poderosa a la visualización. No solo estás soñando, cuando te tomas el tiempo para imaginar con profundidad y detalle, estás co-creando. Cuando sabes con certeza que te pertenece, te enfocas conscientemente en ello diariamente con la mente, y entra en juego el siguiente código de manifestación: confiar en el tiempo divino de todo.

## # 3 | CONFÍA EN EL TIEMPO

*"Paciencia, mi saltamontes"*, me dijo mi coach de negocios hace poco más de un año.

*"¿Qué demonios?"*, pensé para mis adentros. Lo último que quería escuchar era que fuera paciente. Era ambiciosa, estaba hambrienta y lo quería todo ahora mismo. Tenía la actitud de una niña que golpea sus pies en la feria local, exigiendo que le den su premio de peluche grande antes de haber entregado su boleto para jugar al juego de disparar al pato. Sí, así era yo.

Cuando se trata de manifestar las cosas que realmente quiero, la paciencia es una práctica. He mejorado en hacer mi parte y en entregarme al resto para que el Universo haga el trabajo pesado. Intento mantenerme abierta y permitirme sorprenderme gratamente con el momento de mis manifestaciones. También he aprendido que a veces lo que pensamos que queremos, no lo es. Y al no entregarnos nuestro deseo inicial, el universo nos está ayudando a descubrir el más profundo. Por ejemplo, puedo pensar que quiero manifestar un Mercedes descapotable negro, pero el universo sabe que odio cuando el viento azota mi pelo y lo convierte en un nido de ratas enredado. Así que al no darme el descapotable, ella me está cuidando, llevándome a contemplar a un nivel más profundo lo que realmente quiero: un elegante Mercedes negro con techo. ¿Puedes decir que estoy totalmente en medio de manifestar mi auto soñado?

Es importante que tengas plena fe y confianza en el momento de tu manifestación. Es tu trabajo conocer el qué y el por qué, pero es trabajo del Universo orquestar el cómo y el cuándo. Eso es el trabajo pesado. Recuerda, yo sabía que quería ganar mucho dinero haciendo bombas de baño también, pero no tenía idea de cómo sucedería, y desde luego no sabía que se convertiría en una empresa que fabrica productos de cuidado posterior con marca para artistas del tatuaje y maquillaje permanente en todo el mundo. ¡Pero aquí estamos! Todo lo que deseaba fue entregado por el universo, en su propio tiempo divino.

Pero no pienses que te la estás llevando fácil. Sí, el universo entregará divinamente oportunidades, abrirá puertas y pondrá personas en tu vida en el momento perfecto, pero no extenderá la alfombra roja y te arrastrará por ella sin tu propio esfuerzo personal. Es tu trabajo tomar acciones alineadas. Tu manifestación no aparecerá mágicamente en tu regazo. Una de mis citas favoritas del difunto Wayne Dyer es: *"No hay ley de atracción sin acción"*, lo cual nos lleva perfectamente a nuestra próxima clave.

## # 4 | TOMAR ACCIONES ALINEADAS.

Este concepto de tomar acción puede incomodar a algunos, especialmente si crees en seguir solo lo que te hace sentir bien el 100% del tiempo. Escucha, creo completamente que debes seguir tu sistema de guía emocional, pero la resistencia es parte de ser humano. A veces, las acciones a las que nuestra guía intuitiva nos impulsa a tomar van a sentirse incómodas. ¿Sabes cuántas veces no he querido presionar el botón en vivo en mi teléfono y hablarle a todo el mundo? ¡Demasiadas para contar! Pero, a pesar de mis axilas sudorosas y mi cuello enrojecido, lo hice. Tomé la acción que el universo me guió a tomar. Estaba nerviosa, torpe y muy incómoda, pero valió la pena. Desarrollé una habilidad vital que creó miles de conexiones para mi negocio. Si me hubiera quedado en mi zona de confort, nunca habría manifestado todas las increíbles oportunidades que han llegado a ambos de mis negocios.

Habrá momentos en tu viaje de manifestación en los que tendrás que tomar decisiones y dar los pasos para crear realmente el resultado que deseas. A veces, estos pasos van a ser incómodos. Pero estamos en esta tierra para crecer y desarrollarnos. Tienes talentos, habilidades, perseverancia y capacidades físicas que realmente debes utilizar en nuestro mundo tridimensional. Cuando tomamos acción, nuestro deseo mental se convierte en un resultado tangible. No puedes esperar convertirte en un corredor súper en forma si todo lo que haces es mirar a los corredores de maratón en tu tablero de visión mientras comes papas fritas y ves Netflix. Debes levantarte y correr de verdad.

Manifestar la realidad que deseas se reduce a verte a ti mismo como el creador maestro de tu propia vida y tomar acción cada día hacia tus deseos. No me refiero a lanzar espaguetis a la pared tomando acciones sin rumbo. Aquí es donde tu intuición y lógica pueden trabajar juntas para guiarte por el camino de menor resistencia. Elige escuchar lo que se siente bien, lo que te emociona, los mensajes que tu intuición te envía a diario, pero también toma acciones que sean intencionales y estratégicamente tengan sentido para acercarte un paso más a tu manifestación. Si haces esto, realmente solo es cuestión de tiempo antes de que tu manifestación se materialice.

## UN VISTAZO A LA VIDA HOY:

Cuando tenía 30 años y estaba soltera, describía mi vida amorosa a mentes curiosas, como la de mi tío Garth, quien se preguntaba cómo una mujer de mi edad podía funcionar sin un hombre, y les decía a las personas que me sentía como una princesa que seguía besando sapos, esperando a su príncipe. Había salido con varios hombres ese año y nada parecía encajar. Era una mujer independiente frustrada que sabía exactamente lo que quería, pero no podía encontrarlo. Hasta que agarré un libro que cambió mi vida, *"He's Just Not That Into You"*. ¡Todos recuerdan ese libro, ¿verdad? Lo convirtieron en una película de Blockbuster! Leer este libro me hizo sentir como una mujer poderosa. Había terminado de aguantar excusas estúpidas de tipos con problemas de compromiso. Reclamé a mi Reina interior y estaba lista para llamar a mi Rey.

Y eso es exactamente lo que hice. Leí el libro. Lo lancé al suelo, asustando al pobre cachorro shih tzu Charlie, y luego decidí creer en mi propia valía. Tomé una decisión definitiva que cambió todo: ya no iba a perseguir a mi futuro esposo. Ya no perseguiría el sueño. Y con este nuevo conocimiento y certeza, mi hombre soñado aterrizó en mi regazo meses después en la pista de baile de Joe Kool's.

Nos casamos, tuvimos tres hermosos hijos, nos mudamos a una casa de un millón de dólares en nuestro vecindario soñado y dejamos nuestros trabajos gubernamentales para dirigir dos negocios muy exitosos. Nos enamoramos y nos convertimos en jefes en nuestros propios términos.

Cuando reflexiono sobre mi viaje de manifestación, me doy cuenta de que fue la certeza que tenía en mí misma y en mis deseos lo que me ayudó a co-crear la vida de mis sueños. Tenía el deseo. Vi la visión. Reclamé mi valía y luego mantuve la frecuencia de certeza de "esto será mío" y luego lo fue. Pero todas estas manifestaciones no vinieron sin contratiempos, dudas o miedos o pensamientos ansiosos. Hay muchas veces que me aterraba tomar la decisión equivocada.

La visualización me resultaba natural, pero la paciencia era difícil de encarnar. *Confiar en el tiempo* ha sido el código de manifestación más desafiante para mí. Manifesté a mi familia con Andrew tan rápido, estábamos literalmente embarazados de nuestra hija tres meses después de la noche en que nos conocimos y nos mudamos a nuestra casa juntos seis meses después, que tenía esta expectativa de que todo debería venir rápidamente. Mi alma ambiciosa quería que cada deseo viniera tan rápido. Pero lo que he aprendido en mi camino es que todo sucede en su propio cronograma divino. Parte del proceso de manifestación es cultivar la confianza y la paciencia para creer que está funcionando, incluso cuando no puedes verlo.

Hay mucho más que deseo para el éxito de ambos de mis negocios. Puedo verlo y sentirlo todo tan claramente. ¿Código de visualización? Comprobado. Quiero que ambos de mis negocios sigan expandiéndose, quiero escribir mi propio libro de negocios, ser una coach y líder empresarial reconocida mundialmente, tener programas agotados, masterminds y espacios de coaching privados, viajar mientras trabajo, expandir nuestro espacio de producción y equipo, y la lista sigue y sigue.

Pero por ahora, voy a mantener esa visión, tener plena fe y certeza del 100% de que sucederá, y luego hacer la parte más difícil de entregarme a la magia y el tiempo divino del universo.

· · ·

Todo lo que siempre he querido ha llegado a ser y todo lo que quiero manifestar ahora viene hacia mí, esto lo sé con certeza. Estos códigos de manifestación que he compartido funcionan con la ley universal. Si los sigues, tus manifestaciones se desarrollarán.

Lo conseguí todo. Tú puedes tenerlo todo.

**Créelo.**
**Visualízalo.**
**Reclámalo.**
**Confía en ello.**
**Y ve por ello.**

Ahora es tu turno de escribir tu propia historia de manifestación asombrosa. Te reto.

# CAPÍTULO 4
## TU OPORTUNIDAD DE INSPIRAR A OTROS

*"Nothing is impossible. The word itself says 'I'm possible!'"*

*— AUDREY HEPBURN*

Mi objetivo al escribir este libro es inspirarte a manifestar lo que pueda parecer imposible. Es mostrarte que cuando tu mente, cuerpo y corazón están alineados, esas cosas que parecen inalcanzables realmente no lo son.

Espero que ya estés sintiendo esa inspiración y que, página tras página, estés expandiendo tu mentalidad y permitiendo que las pruebas de manifestaciones infundan el potencial dentro de ti.

La inspiración es poderosa... y esta es tu oportunidad de transmitirla a alguien más.

Lo hermoso es que aún no tienes que haber completado tu propia manifestación para inspirar a alguien más a comenzar la suya... Todo lo que tienes que hacer es compartir con ellos tu motivación y las cosas que te impulsan.

Y puedes hacerlo ahora mismo simplemente escribiendo unas pocas frases.

*Al dejar una reseña de este libro en Amazon, puedes inspirar a alguien más a saber que la manifestación no solo es posible para todos, sino que puede sentirse y parecer completamente normal.*

¿Cómo? Cuando les cuentas a otros lectores cómo este libro te ha inspirado y lo que encontrarán dentro de sus páginas, les mostrarás dónde pueden encontrar la misma inspiración que te impulsó en tu camino hacia manifestaciones épicas.

Gracias por ayudarme en mi propia manifestación: mostrar a todos que pueden lograr sus sueños y manifestar una vida que amen con facilidad. La inspiración es una herramienta poderosa; cuando la compartimos, podemos ayudarnos mutuamente a dar los pasos que necesitamos para lograr todo lo que deseamos.

Escanee Para Dejar Una Reseña

# CAPÍTULO 5
# EL CÓDIGO: ACTIVACIÓN DE LA AUTOEXPRESIÓN
## KARI RUSSELL

Desde el principio, y cuando digo desde el mismo comienzo de mi existencia, quería que mi presencia se conociera y se sintiera. Durante mi nacimiento el 1 de febrero de 1983, casi mato a mi mamá. No te preocupes, ella sigue muy viva y bien. Entré a este mundo con la fuerza de un león, y el impacto en mi mamá fue intenso. Tuvo una experiencia cercana a la muerte y pasó las primeras 48 horas de mi vida luchando por la suya en cuidados intensivos.

Tenía dos días de vida cuando finalmente nos presentaron, y mi mamá realmente pensó que alguien le había cambiado el bebé mientras se recuperaba. En sus propias palabras, parecía un niño pequeño, no un recién nacido. Era grande. Incluso necesitó la confirmación de mi papá de que sí, yo era su hija. Mi mamá y papá bromeaban diciendo que parecía un bebé culturista, tenía muchos músculos en mi pequeño cuerpo de recién nacido. El hecho de que mi cuerpo fuera "más grande" siempre parecía ser un tema de conversación en mi cabeza. Fue algo que causó sentimientos contradictorios de vergüenza y orgullo en mi autoestima y autoexpresión a medida que crecía.

· · ·

Honestamente, tuve una infancia asombrosa. Claro, hubo desafíos, pero mis padres estaban muy presentes y apoyándome en mi vida, y sabía todos los días que era amada.

Era un payaso frente a la cámara, siempre queriendo ser el centro de atención, inventando bailes y actuaciones en reuniones familiares. Era la niña que, en segundo grado, fue la maestra de ceremonias en el concierto navideño de la escuela. Nunca me alejé del foco de atención. Y creciendo como la hija del medio, definitivamente era la "salvaje" de la familia, siempre probando los límites de mi expresión.

A medida que crecí, llegué a la pubertad a una edad muy temprana. Fui la primera niña en mi clase de cuarto grado en tener mi período, usar sostén, mostrar estrías, caderas, celulitis y muslos voluminosos. Recuerda, fui una bebé "grande", y eso se tradujo en que fuera una niña "grande". Llegar a la pubertad me hizo ganar peso y las curvas que vienen con ella en quinto grado. Y fue en este momento que empecé a sentirme muy cohibida y dejé de sentir la alegría que una vez sentí en el centro de atención. Empecé a esconderme. Empecé a apagarme. Empecé a tratar de encajar en lugar de destacar.

Desarrollé acné severo y mi piel se convirtió en un punto importante de dolor en mi autoimagen. Recuerdo que me llamaban "montañas" por lo abultada que se veía mi piel. Tan pronto como me permitieron usar maquillaje, nunca salí de casa sin una cara completamente maquillada. Encubrir mis inseguridades con falsa confianza era algo en lo que destacaba. No creo que nadie a mi alrededor, ni siquiera mi familia y mi mejor amiga, me hubiera llamado insegura.

• • •

*Era realmente buena fingiéndolo.*

Había creado una personalidad basada en lo que pensaba que sería más aceptado por aquellos a quienes intentaba impresionar. Empecé a preocuparme más por ser percibida de cierta manera en lugar de ser vista como yo misma. Basaba todas mis preferencias en lo que le gustaba a mi grupo de amigos en ese momento. Vestía como ellos, escuchaba la misma música que ellos, incluso intenté ser una chica skater porque uno de mis novios era un gran skater y quería ser lo suficientemente "cool" para él.

A lo largo de los años, este patrón continuó y me desconecté cada vez más de la verdad de quién era. Me sentía avergonzada y tenía miedo de ser juzgada, así que seguí manteniendo gran parte de mi verdadero yo oculto. Como fingir que estaba estudiando religión en la escuela para no recibir miradas extrañas mientras aprendía en secreto sobre la Wicca y la espiritualidad. No tenía la confianza para afirmarme firmemente en mi auténtico poder, así que terminé tomando muchas decisiones basadas en lo que pensaba que debía hacer, o tenía que hacer, para encajar y hacer felices a otras personas.

## UN PUNTO DE INFLEXIÓN

No fue hasta que me convertí en madre y tuve a mi hija Addison, que me di cuenta de que necesitaba sanar mi mierda interna para que hubiera un espacio seguro para que ella fuera ella misma. ¿Cómo podría decirle que era perfecta si primero no lo creía yo misma?

Fue en este momento de mi vida que comencé a hacer un trabajo profundo de reflexión y encontré "The Desire Map" de Danielle Laporte. Lo cual, honestamente, me provocó una gran incomodidad. Me hizo consciente de cuán desconectada estaba de mi cuerpo y mi verdad. Incluso la palabra "deseo" me hacía encoger y sentirme incómoda. Había asociado la palabra con el deseo físico y sexual, y debido a la falta de confianza en mi cuerpo, estaba completamente alejada de la palabra y mi expresión de la misma. Fue esta incomodidad exacta la que utilicé para profundizar en por qué me sentía de esa manera y cómo había afectado mi presencia en el mundo. Por incómoda que me sintiera, estaba profundamente atraída por entenderme a un nivel más profundo.

Me obsesioné con todo lo relacionado con el desarrollo personal, la mentalidad y la autoexploración. Tomé todas las pruebas de personalidad que existían, leí muchos libros sobre encontrar tus fortalezas y participé en talleres de auto desarrollo de fin de semana.

Cuando encontré el Diseño Humano en 2018, fue como si toda mi existencia finalmente tuviera sentido. Cada miedo y creencia limitante podía vincularse con la condicionamiento de mis centros indefinidos. Todo empezó a encajar y me di cuenta de lo desalineada que me había vuelto. Había estado viviendo tratando de demostrarme a mí misma y cambiarme para encajar.

Es una experiencia realmente humillante cuando te das cuenta de que has sido tu propio peor acosador toda tu vida, permitiendo que las influencias externas y la necesidad de validación externa sean tu fuerza orientadora.

A medida que volví a conocerme a mí misma, la palabra deseo dejó de causarme molestias. Permití que mis grandes sueños fueran vistos y sentidos, y comencé a sentirme viva de nuevo.

Empecé a conectar con mi sacro y a sanar mi autoimagen. Comencé a ver el impacto que tenía en los demás y comencé a atraer oportunidades para vivir una vida más grande, más plena y auténticamente expresada.

Comencé a verme a mí misma como una inversión valiosa y una chispa se encendió en mi interior. Recordé a esa niña chispeante, la que prosperaba siendo el centro de atención, que quería que todos los ojos estuvieran puestos en ella, porque sabía que estaba aquí para ser vista y sentirse en el mundo. Sabía que mi expresión auténtica es algo que vale la pena mostrar y exhibir, para mostrar a los demás que su expresión auténtica es la clave para vivir una vida que realmente amen.

En los próximos años, aprendería todo lo que pudiera sobre mí misma, mi mentalidad, mi inteligencia emocional y el Diseño Humano para entender cómo debía presentarme en el mundo y los pensamientos/sentimientos/creencias específicos que me impedían realmente liberar mi autenticidad. Quería entender cómo mejor manifestaba y recibía todos los deseos que ya no tenía miedo de admitir en voz alta. También me certifiqué en Diseño Humano para poder llevar este trabajo potente a mis clientes. Fue a través de este proceso investigativo que me di cuenta de lo que había estado faltando en mi vida: mi pura autoexpresión. Era el momento no solo de recordar quién era, sino de expresarme sin disculpas en todo lo que hacía. Mi nueva creencia se convirtió en: *La Autoexpresión lo Es Todo. Y Todo es Autoexpresión.*

## LA EVOLUCIÓN

La autoexpresión y los tres pilares internos que compartiré contigo en este capítulo se convirtieron en la base de mi crecimiento y evolución. Es el proceso que sigo utilizando para explorar los límites de mi expresión en la vida y los negocios. Es el proceso que ha ayudado a remodelar la percepción de mi cuerpo. He sanado (y continúo sanando) las heridas alrededor de mis "muslos de trueno", mi piel, mis estrías y mi presencia en general. Ahora veo mi cuerpo como el lienzo con el que puedo crear arte a través de mi expresión.

La expresión auténtica y audaz es ahora la base de mi negocio y por lo que la gente me contrata para que les dé coaching. Tengo la oportunidad de crear experiencias increíbles para que las personas en mi comunidad vuelvan a conectarse consigo mismas y sean quienes realmente vinieron a ser.

Es a través de este proceso que ahora puedo respaldar con confianza lo que sé que es cierto para mí, mientras sigo expandiéndome y activando a otros a través de mi expresión auténtica. Lo hago yendo primero, siendo la líder que estoy aquí para ser, eligiendo conscientemente conocerme mejor, honrarme más profundamente y poseer sin disculpas quién soy, para empoderar a quienes me rodean y darles el permiso de hacer lo mismo.

## DESBLOQUEANDO EL CÓDIGO

Lo que estoy a punto de compartir contigo es bastante simple y es algo que probablemente ya estás haciendo, pero quizás no eres consciente de ello. Sin embargo, antes de explicar qué es y cómo usarlo, quiero darte un contexto sobre cómo surgió este código y cómo lo incorporé en mi vida. Este código no es un código de "*hacer*". No necesitarás comprar nada ni aprender algo excesivamente complejo. Es un código tangible que puedes integrar inmediatamente en tu vida diaria.

. . .

La cuestión es que te pedirá que seas increíblemente vulnerable y honesto contigo mismo. Esto puede traer a la superficie algunos traumas y desencadenantes pasados que generarán sentimientos de incomodidad y malestar, y quiero que sepas que está bien sentir todas esas emociones, y que busques el apoyo que necesitas si sientes que es más de lo que puedes manejar por ti mismo. Debes saber que, en mi mundo, abrazamos la incomodidad. Confiamos en que incluso cuando estamos desafiando nuestros límites, seguimos estando a salvo. Utilizamos herramientas y estrategias para seguir creciendo, a pesar de la incomodidad que sentimos. Usamos el miedo como combustible para impulsarnos hacia adelante en la dirección de nuestros deseos. El deseo jugará un GRAN papel en tu capacidad para aprovechar este código de manifestación en tu propia vida.

Es importante destacar que nunca te pediré que abandones tu verdad, sino que te pediré que estés abierto a cambiar tu perspectiva para ver cómo jugar con este código podría elevar potencialmente tu experiencia en la vida. Porque cuando llego al corazón y alma de este código, mi mayor deseo para ti es que esta práctica te permita experimentar aún más libertad, liberación, placer y alegría en todas las áreas de tu vida y tu negocio. Porque si no se siente bien, ¿cuál es el punto, verdad? Exacto. ¡Bien, vamos allá!

Supongo que es hora de presentarme adecuadamente. Soy Kari Russell. Una generadora sacral 5/1 salvajemente audaz y picante que está obsesionada con el trabajo que tengo la oportunidad de hacer y el impacto que puedo generar. En los últimos 5 años, construí una marca de millones de dólares que genera múltiples seis cifras al año como Coach Empresarial Energética. Trabajo con líderes en el espacio empresarial para que posean su poder, aprovechen su autenticidad y se expresen audaz y sin disculpas, mientras construyen su negocio a su manera.

• • •

Mi estilo de coaching fusiona el Diseño Humano, el trabajo de mentalidad, la inteligencia emocional, el espíritu y la autoexpresión para que mis clientes puedan crear un impacto masivo e ingresos inimaginables, en pura alineación e integridad con quienes son y lo que quieren. En mi mundo, jugamos grande, nos hacemos oír, ocupamos espacio y nos mantenemos en un liderazgo personal profundo y en la responsabilidad personal, que es una pieza integral del código de manifestación que enseñaré más adelante.

Ahora tengo 40 años y quiero decir que me llevó 35 años de prueba y error para encontrarme realmente a mí misma y encontrar mi "cosa". Literalmente, tuve todo tipo de trabajos, desde pasear perros, dar clases particulares, trabajar en una tintorería, una tienda de deportes, Tim Hortons, hasta gestión de oficinas, coordinadora de marketing, contadora, representante de publicidad, entrenadora personal y nutricionista, hasta gerente asistente en una marca minorista de lujo, coaching de vida y metas, regresar a la escuela a los 33 años para convertirme en profesora y salir del aula 18 meses después para dedicarme completamente a mi negocio. Sí, realmente he sido una mujer de muchos oficios. Es lo que tuve que hacer mientras estaba en el proceso de descubrir quién era, qué quería y cómo quería experimentar mi vida. Y a través de este viaje experimental, soporté mucha vergüenza por no poder "dedicarme a una sola cosa" y tuve la sensación de que estaba rezagada en la vida porque no me comprometía con una única carrera. ¿Por qué es importante compartir esto contigo? Porque quiero mostrarte que parte del proceso de manifestación es ser honesto contigo mismo y permitir que la verdad de lo que estamos haciendo signifique salga a la superficie.

• • •

Este código requiere que confíes profundamente en ti mismo, incluso cuando los pasos que estás dando no parecen "normales" o "consistentes" con lo que ves que hacen los demás en sus vidas. Todavía experimentamos mucha condicionamiento, vergüenza y culpa en torno a la experimentación y el saltar de una cosa a otra, lo que puede llevarnos a descuidar la misión de nuestra alma y, en cambio, caer en la trampa de simplemente hacer lo que se considera "seguro" o "esperado" de nosotros, comprometiendo nuestros verdaderos deseos.

Cuando miro hacia atrás en mi viaje con perspectiva, puedo ver claramente que todas estas experiencias fueron parte de lo que me llevó a la conciencia del código de manifestación que te estoy enseñando hoy, y me ayudó a encontrar y reconocer una parte importante de mi identidad y propósito para estar aquí. Entonces, coge tu diario y prepárate para sumergirte en el código de manifestación de la autoexpresión. Cuanto más lo encarnes, más poder co-creativo desbloquearás para construir la vida de tus sueños. ¿Estás listo?

## AUTOEXPRESIÓN

Este código de manifestación se basa en la auténtica autoexpresión. Para la mayoría de nosotros, nuestra relación con la autoexpresión se basa en nuestra condicionamiento pasado y nuestros miedos, principalmente el miedo a ser juzgados o rechazados. Solemos pasar por la vida recogiendo las ideas, opiniones y creencias de los demás sobre lo que es aceptable y lo que se considera "normal" o "seguro" según las presiones y expectativas sociales y familiares. Nos desconectamos de quiénes somos en realidad en la búsqueda de encajar o de ser vistos de cierta manera. Nuestra alma se asfixia bajo la presión de seguir el ritmo de todos a nuestro alrededor. Y si estás leyendo este libro, sé que deseas más. Mucho más. Lo que significa que, en algún nivel, también hay un deseo de más libertad en tu expresión. Este código de manifestación te ayudará a recuperar esos sentimientos de libertad, liberación, placer y alegría en tu experiencia de vida y negocio, que has estado buscando.

Entonces, sumerjámonos en los tres pilares clave de la autoexpresión, para que puedas manifestar la vida y el negocio que tu corazón desea profundamente.

## LOS TRES PILARES DE LA AUTOEXPRESIÓN

Cada uno de estos tres pilares requiere un nivel de autoconciencia y autorreflexión para que puedas aprovechar verdaderamente su poder de manifestación. Como mencioné antes, no necesitas hacer mucho, pero debes tener la disposición de ir más allá de la superficie de quien siempre has sido y preguntarte constantemente: "¿estoy expresando quién soy realmente o a quién creo que debo ser?"

Mi sugerencia es que tomes un cuaderno (o el libro de trabajo adjunto) y crees el espacio para investigar verdaderamente cada uno de estos pilares. Si deseas elevar aún más la experiencia, date un paseo en solitario a tu cafetería o restaurante favorito, pide una bebida que te encante y crea un ambiente de celebración por guiarte a través de este trabajo. Es el compromiso con la conciencia consciente continua de expresar intencionalmente quién eres a través de cada uno de estos pilares lo que te permitirá manifestar la vida y el negocio que deseas.

## PILAR 1: AUTOCONOCIMIENTO

*¿Sabes quién eres?*

No quien te han dicho que seas.

. . .

No quien crees que deberías ser.

¿Pero quién viniste aquí a ser?

Comenzamos aquí y continuamos revisitando este pilar a medida que crecemos y evolucionamos. Aquí es donde eres radicalmente honesto contigo mismo al descubrir dónde te has estado frenando al no reconocer completamente quién eres como individuo. No podemos expresarnos auténticamente si no sabemos quiénes somos realmente. Y ciertamente no podemos expresarnos si estamos tratando de ser alguien que no somos, especialmente cuando proviene de complacer a los demás o mantener la paz.

El autoconocimiento es donde te encuentras contigo mismo una y otra vez, descubriendo capas más profundas de tu identidad y tus deseos. Aquí es donde desbloqueas esas distinciones diferenciadas que te hacen ser quien eres y que te dan las claves de cómo debes presentarte y expresarte en el mundo. Es a través de la exploración de lo que te hace ser tú y la liberación de toda la basura que has recogido en el camino, lo que permite que la pureza de quien eres sea vista y experimentada, no solo para ti mismo, sino también para todos los que te rodean. Esto es una declaración para convertirte en la encarnación viva y respirante de quien viniste a ser, lo que a su vez le da a quienes te rodean el permiso de ser ellos mismos por completo.

Entonces, ¿quién eres? *Realmente.*

. . .

¿Por qué te destacas? ¿Qué te enciende? ¿Cuáles son tus fortalezas? ¿Cuáles son tus verdades? ¿Qué deseas de la vida? ¿Cómo te comunicas mejor? ¿Qué impacto estás aquí para hacer? ¿Qué habilidades y conocimientos tienes? ¿En qué eres el mejor?

Inicialmente, estas preguntas pueden crear más confusión que claridad para ti. Para mí, sé que antes de encontrar el Diseño Humano, no habría podido responderlas por mí mismo, al menos no con la misma certeza y convicción que puedo ahora. Soy consciente de que el Diseño Humano es un sistema multifacético que puede ser abrumador, y no todos se sienten identificados con él, pero si tienes curiosidad y quieres investigar tu diseño energético, ve a mybodygraph.com para obtener tu carta gratuita (necesitarás tu fecha de nacimiento, hora de nacimiento y lugar de nacimiento). Voy a desglosar los cinco tipos principales de Diseño Humano con algunos consejos tangibles. Si te sientes llamado, descubre el tuyo y luego vuelve a este capítulo.

**Manifiestadores:**

Tu magia está verdaderamente arraigada en tu autenticidad sin filtro, no adulterada y sin disculpas. No necesitas permiso ni validación; necesitas confiar en tus deseos. Estás aquí para activar de manera salvaje a quienes te rodean con tu excentricidad y gran visión. Tu energía es radicalmente espontánea y puede fluctuar desde una energía muy alta hasta una energía muy baja, a menudo sin razón aparente. No dejes que la sociedad te diga que eres demasiado o demasiado perezoso; tu ritmo es perfecto para ti.

Aunque no necesitas que nadie o nada haga que las cosas sucedan, no estás aquí para hacerlo todo por ti mismo. Pide apoyo y busca construir una comunidad de personas a tu alrededor que puedan ayudar a dar vida a tu visión. Recuerda, no estás aquí para que te digan qué hacer, así que asegúrate de poder ejecutar sin necesidad de permiso de nadie más.

EL MUNDO TE DIRÁ: Tu energía es demasiado grande y tus ideas son demasiado salvajes. Que te mueves demasiado rápido y que no te estás moviendo lo suficientemente rápido.

LO QUE NECESITAS RECORDAR: Todo lo que necesitas es confiar en ti mismo. No necesitas validar tus ideas ni obtener permiso para tus deseos. Confía en ti mismo y estarás bien.

### Generadores:

Tan importante como es seguir tu sí sacral, honrar tu no sacral es igualmente impactante. Te conectarás mejor con tu sacral con preguntas cerradas como "*sí* o *no*" o "*esto* o *aquello*". ¡Establece límites y observa cómo las oportunidades que te entusiasman llegan a ti! Sí, puedes ser los trabajadores del mundo, pero eso no significa que estés aquí para hacerlo todo. Estás aquí para la maestría a lo largo de toda una vida, así que busca temas comunes en todas las experiencias que te entusiasman y sigue esa llama sacral. Tu energía radiante atraerá y magnetizará naturalmente a personas y oportunidades cuando sigas tu alegría. Si no te entusiasma, no eres la persona adecuada para el trabajo. Deja que vean y sientan tu confianza audaz. Sabes en qué eres bueno, así que poséelo por completo y presume de ello.

EL MUNDO TE DIRÁ: Puedes hacerlo todo. Puedes manejarlo. Tienes la energía.

. . .

Lo Que Necesitas Recordar: Solo porque puedas hacerlo, no significa que sea genuinamente de tu mayor interés. Si no lo deseas, entonces no lo hagas. Muévete con tu sí sacral y no anules tu no.

### Generadores Manifestantes:

¡En realidad estás aquí para ser demasiado! Deja de apagarte para que los demás se sientan cómodos en tu energía, necesitan que ilumines su camino. Sé todas las cosas y haz todas las cosas. ¡Este es tu encanto! Tu camino no parecerá lineal o normal para el mundo exterior. Las personas te cuestionarán y tu capacidad para manejarlo todo, pero eso es lo tuyo, eres el maestro de las multitareas.

Estás aquí para probar todo y cualquier cosa a la que tu sacral te lleve, incluso cuando no tenga sentido lógico. Y por el amor a la vida, deja de sentir vergüenza por no "aguantar" o "seguir adelante", estás construido para comenzar y detenerte. Estás aquí para tomar las lecciones que necesitas y pasar a la siguiente cosa. Deja de complacer a los demás y de mantener la paz y deja que tus deseos guíen el camino.

El Mundo Te Dirá: Eres demasiado, estás por todos lados, eres muy disperso.

Lo Que Necesitas Recordar: Ser demasiado es tu regalo. No estás aquí para hacer que los demás se sientan cómodos, estás aquí para ser todo lo que eres y confiar en que las personas adecuadas vendrán hacia ti.

## Proyectores:

Tu poder activa a los que te rodean. Es hora de despojarte de todas las dudas y miedos y permitirte ser visto en todo tu esplendor. No estás aquí para moverte de la misma manera o a la misma velocidad que todos los demás. Tu energía es estable y consistente, pero no es regenerativa. Necesitas mucho tiempo de inactividad para descansar y recargarte.

No te enredes en la carrera de la vida tratando de seguir el ritmo de los demás. No estás diseñado para correr la carrera, eres quien está tendiendo el camino para que otros te sigan. El líder natural, el entrenador, el mentor. La guía en ti necesita sentirse vista y reconocida por el valor que ofreces, no sientas vergüenza ni culpa por necesitar esta atención. Esto es una señal de que estás siendo invitado a oportunidades alineadas contigo.

EL MUNDO TE DIRÁ: Mantente al día. Trabaja más duro. Muévete más rápido.

LO QUE NECESITAS RECORDAR: Cuando tomas decisiones inteligentes, terminas siendo más eficiente y efectivo que la mayoría de las personas. Utiliza tu poder de enfoque investigador. Realmente es calidad sobre cantidad para ti.

## Reflectores:

. . .

Tu energía abierta atrae a las personas. Sienten tu sabiduría e intuición, así que asegúrate de navegar por tus entornos y rodearte solo de cosas que te hagan sentir bien.

Experimentarás naturalmente altibajos en tu energía. Te sentirás como la estrella de la fiesta un día y querrás esconderte en el modo ermitaño al siguiente. Esto es perfecto para ti, ya que absorberás la energía y las emociones de todos los que te rodean, permitiéndote probar y jugar en la aurora de diferentes personas. Tu tiempo en soledad es integral para permanecer alineado y fiel a ti mismo. Estás aquí para tomarte tu tiempo y sentir las decisiones que tomas y los movimientos que haces, así que no dejes que las presiones o expectativas de los demás te apresuren. Tu capacidad para reflejar al mundo lo que sientes y ves será radicalmente mutativo para quienes te rodean. Asegúrate de que tus límites sean sólidos y que solo elijas estar en espacios que se sientan nutritivos. No eres demasiado exigente ni de alto mantenimiento, tu energía es el mayor activo y priorizarla es tu activo número uno.

El Mundo Te Dirá: Eres demasiado sensible. Eres demasiado inconsistente. Eres impredecible.

Lo Que Necesitas Recordar: La sorpresa y el deleite son tu magia, cariño. Eres el unicornio del mundo. Raro y único en todo lo que haces. Confía en tu energía y en tu velocidad. Todo es perfecto para ti.

Ahora, el Diseño Humano no es la solución definitiva para el autoconocimiento. Estoy segura de que algunos de ustedes también son fanáticos de la astrología, el eneagrama y otras herramientas de adivinación que pueden ayudarlos a comprenderse a sí mismos a un nivel más profundo. Creo firmemente que estas modalidades externas son importantes en nuestro viaje y que también debemos discernir cuándo nos estamos apegando a un título o descripción de quiénes somos que está fuera de nuestro conocimiento interno.

La parte más importante de este pilar es la auto-reflexión. Se trata de aprovechar la responsabilidad personal y el auto-liderazgo para pasar de la conciencia a la acción. Y a partir de ahí, alinear realmente nuestras vidas con nuestra verdad y deseos auténticos.

Lo que nos lleva al segundo pilar...

## PILAR 2: AUTO-HONOR

Este pilar es el puente entre la conciencia de saber quién eres y expresar y poseer hacia afuera quién eres. Aquí es donde se requiere más tu confianza en ti mismo, tu auto liderazgo y tu responsabilidad personal.

La Auto-Honor es donde se necesita tu convicción para no caer de nuevo en los patrones limitantes de comportamiento pasado.

La Auto-Honor es donde tomas decisiones, estableces límites y defines los estándares para quién estás siendo y cómo estás interactuando con el mundo que te rodea.

La Auto-Honor es donde declaras esos grandes deseos y te comprometes a confiar en ti mismo y en tu guía intuitiva por encima de todo lo demás. Es tu integridad de auto posesión en acción.

Al utilizar este pilar, notarás que eliges ser egoísta con tu tiempo, atención y energía. Y reconocerás que cuando lideras desde un lugar auténtico, en realidad estás brindando tu servicio de más alta calidad a quienes te rodean.

Es importante saber que tus tendencias de complacencia surgirán mientras practicas estos pilares. En cada ocasión, se te dará la opción de flexionar tus límites o honrar tus deseos. Es en la auto-honor donde ganas confianza y convicción, y como resultado, comienzas a ver que el universo responde de manera diferente a la energía que estás emitiendo. Puedes decir que quieres algo hasta cansarte, pero si quién eres y cómo te estás honrando no está alineado con el resultado deseado, tu deseo luchará por materializarse. Es a través de la auto-honor que declaras al universo que eres capaz de sostener física, mental, emocional y espiritualmente todo lo que afirmas querer.

La mejor manera de comenzar a honrarte a ti mismo es buscar las frustraciones o quejas que actualmente están presentes en tu vida y tu negocio. ¿Qué decisiones estás tomando desde un lugar de deber, FOMO (miedo a perderse algo), obligación o complacer a los demás? ¿Dónde estás sacrificando lo que sabes que es verdadero para ti para que otros se sientan más cómodos en tu presencia? ¿Dónde estás ocultando partes de tu autenticidad por temor a ser juzgado o rechazado? ¿Dónde no te estás sosteniendo a estándares más altos, viviendo detrás de excusas y circunstancias? Nuevamente, este trabajo requiere honestidad radical, auto compasión y gracia a medida que te mueves a través de años de condicionamiento. No es un trato único. Este pilar requiere una conciencia continua y un perfeccionamiento de tu nivel de auto-honor, porque a medida que creces y evolucionas, también lo harán tus límites, estándares y prioridades deseadas. Esta es la parte que a menudo se olvida porque, como humanos, naturalmente hacemos lo que siempre hemos hecho porque siempre lo hemos hecho. Debemos interrumpir los patrones habituales y seguir emparejando la auto-conocimiento y la auto-honor para asegurarnos de que refleje nuestra presente expresión auténtica. Si ignoramos esta parte del proceso, seguiremos manifestando más de lo que no queremos, porque nos estamos moviendo desde una versión pasada de nosotros mismos, no desde la verdad actual de nuestros deseos. Lo que nos lleva a nuestro tercer y último pilar, la auto posesión.

## PILAR 3: AUTO POSESIÓN

Aunque los dos pilares anteriores son donde se lleva a cabo la mayor parte del trabajo, es en la expresión de nuestra auto posesión donde realmente unimos nuestra magia y poder. La auto posesión te permite sentir la libertad y liberación de tu expresión, para que puedas atraer todo lo que deseas ser, hacer, recibir, experimentar, ver y sentir en tu vida y negocios. Todos hemos escuchado "atraemos lo que somos". Quiénes somos pueden expresarse en los dos tipos diferentes de auto posesión que impactan en este código: la auto posesión interna y la auto posesión externa.

**Auto Posesión Interna:**

La Auto posesión interna es lo que sucede detrás de escena, en la privacidad de tu propia psique. Es cómo te hablas a ti mismo. Es lo que le das sentido a las cosas. Es la conciencia de dónde estás entregando tu poder a circunstancias externas y personas o lugares específicos en tu vida. Todos tenemos diálogo interno que debemos navegar mientras avanzamos en la vida y los negocios.

Presta atención a dónde estás viviendo en modo víctima, dónde te estás escondiendo detrás de excusas y miedos, dónde estás permitiendo que tus resultados (o la falta de resultados) creen historias o sentimientos de vergüenza, embarazo o culpa. Observa dónde estás absorbiendo los miedos y limitaciones de los demás como propios. Observa dónde estás sacrificando tu propio impacto anticipando la decepción. Y uno grande en términos de manifestación, el tiempo que lleva recibir la manifestación. ¿Dónde estás creando presión o expectativas sobre cuándo "deberías" haber manifestado 'xyz' ya?

Sé consciente de lo que le das sentido en términos de cómo experimentas la vida en tu viaje hacia la manifestación de tus deseos. Es decir, ¿dónde estás creando suposiciones y expectativas, o poniendo condiciones en ti mismo, en otras personas o en las circunstancias en las que te encuentras, para expresarte plenamente? ¿Dónde te retienes a ti mismo en ser y expresar quién eres basándote en lo que le has dado sentido a algo? Por ejemplo, diciendo que te expresarás completamente una vez que hayas perdido 20 libras, o una vez que hayas ganado $10,000 en un mes, o cuando tu pareja esté completamente a bordo.

**Propiedad Externa:**

La Propiedad Externa es lo que otras personas ven, escuchan y experimentan cuando están en tu presencia. Esta es la verdadera "expresión" de tu autenticidad que pones en exhibición en las decisiones que tomas, desde qué ponerte, cómo hablar, qué decir, qué escribir, qué crear y cómo crearlo. Está en la forma en que invitas a las personas a tu mundo para que prueben y jueguen en tu energía y magia. Se refleja en tu apariencia externa y en el tono de tu voz, en la forma en que transmites tu verdad y tu presencia al mundo.

La Propiedad Externa es cómo las personas te experimentan como persona, líder, esposa, madre, hermana, hija, maestra, miembro de la comunidad. Es la huella energética que dejas en la tierra mucho después de que tu cuerpo se haya ido. Tu expresión externa es donde puedes mostrar creativamente quién eres a través de diferentes medios. Y es a través de la expresión de tu auto posesión que atraes y magnetizas tus deseos, mediante la energía incorporada de tu verdad más profunda.

Es a través de tu autoexpresión sin disculpas que las personas sienten tu auténtica autenticidad y responden de manera inesperada, porque has tenido un impacto en sus vidas, por pequeño que parezca.

Permíteme darte algunos ejemplos:

- Personas en el supermercado que te dejan pasar delante de ellas en la fila.
- La persona a la que pasas en el estacionamiento que te sonríe brillantemente.
- El vendedor en la agencia de autos que ofrece un descuento.
- El representante que mejora tu vuelo a primera clase.
- El cliente alineado con el alma que te encuentra un minuto y se une a tu oferta de más alto nivel al día siguiente.
- El líder que amas que te pide que seas invitado en su podcast.

- El camarero en el restaurante que te trae un trago o postre gratis.
- La invitación que recibes para hablar en un evento popular.
- Es todo, lo grande y lo pequeño.

Es tu autoexpresión la que atrae a personas y oportunidades hacia ti. Porque cuando expresas tu liderazgo con autenticidad e integridad, ya sabes lo que sucede a continuación...

## EL UNIVERSO RESPONDE.

Ahora escucha, entiendo. Tu mente podría querer descartar todo lo que acabo de compartir contigo. Porque no es una guía estructurada paso a paso, haz esto y luego aquello, tipo de cosa, por lo que no debe ser efectiva para manifestar tus deseos. Pero yo soy prueba de que esto funciona. Y mis clientes son prueba de que esto funciona. Cuando conoces, honras y posees quién demonios eres, estás viviendo en un estado de alineación energética para recibir las cosas que deseas. Punto.

Recuerda, siempre estamos manifestando. Siempre estamos atrayendo algo, así que sé consciente de quién eres, cómo te mueves, lo que piensas, sientes y expresas, porque todo contribuye a la frecuencia que compartes con el mundo y el universo.

Cuando empecé a entender el poder que tiene nuestra autoexpresión, me di cuenta de que todas las partes de mí que pensaba que necesitaba ocultar eran en realidad las cosas que atraían y magnetizaban a las personas clave y oportunidades que me permitieron hacer crecer y expandir mi negocio a mi manera, con lo que parecía muy poco esfuerzo o trabajo. No porque no estuviera "trabajando" (la manifestación es una co-creación, lo que significa que aún debemos trabajar con el universo para recibir), sino porque me movía de una manera auténtica y liberadora, confiando en mí misma, en mi intuición y en mi expresión, se sentía divertido, fácil y liberador. Estaba respondiendo verdaderamente al universo de maneras que no tenían sentido lógico. Y continúo haciéndolo. Como dije, este código de manifestación es uno que evoluciona continuamente contigo. Es uno al que recurro una y otra vez. Siempre estoy buscando dónde puedo refinar y redefinir cada momento para elevar mi experiencia en la vida y los negocios. A través de este código, pude dejar la enseñanza a tiempo completo, reemplazando mi ingreso de maestra, para dedicarme por completo a mi negocio, ganando mucho más dinero en mucho menos tiempo.

Es a través de la incorporación de este código de manifestación que he podido manifestar estas experiencias increíbles:

- Ser invitada en varios podcasts.
- Escribir para revistas.
- Ser entrenadora en comunidades de líderes reconocidos.
- Hablar en escenarios.
- Mejoras gratuitas a vuelos de primera clase.
- Atraer clientes alineados con mi alma a largo plazo.
- Colaborar en la redacción de un capítulo en este libro.

Mi deseo para ti es que realmente puedas experimentar todo el poder de la autoexpresión sin filtros en esta vida y que abra las compuertas para recibir todos tus deseos más sinceros. Quiero que descubras la magia que sucede cuando te das cuenta de que puedes manifestar lo que quieras, simplemente siendo tú mismo.

Cuanto más poses tu autoexpresión sin disculpas, más libertad sentirás. Es así de simple.

Ya eres suficiente.

Estás listo ahora.

Es hora de salir y poseerlo por completo.

# CAPÍTULO 6
# EL CÓDIGO: MANIFESTACIÓN CENTRADA EN LA COMPASIÓN

## MILLI FOX

M i mundo entero se desmoronó en septiembre de mi año 11. Mi vida en casa siempre estuvo llena de tumulto y caos, pero en este fatídico día algo sucedió de lo que no pude huir. Mi padrastro, alcohólico, adicto a la cocaína y verbalmente abusivo, con quien no tenía una buena relación, sufrió un masivo ataque al corazón y murió en el baño principal de nuestra casa. Escuché a mi mamá gritar que llamara al 911 y pensé con certeza que se había suicidado. Corrí hacia la habitación, recogí el teléfono inalámbrico que se había caído por la escalera de caracol en el camino, y llamé en busca de ayuda. Entré apresuradamente para encontrar al hombre de 52 años, con quien tenía más odio que cualquier otra cosa, desnudo, con el rostro golpeado contra la pared, muerto en el suelo, mientras mi frágil madre hiperventilaba sobre él.

Se fue instantáneamente. Sin posibilidad de reanimación. Y así, de repente, boom. Mi mamá estaba aún más incapacitada que antes. Me dejaron a cargo de administrarle su última inyección de quimioterapia, sin nada más que hacer que verla desvanecerse aún más en la oscuridad por el dolor de todo. Ya tenía un grave problema con los opiáceos y el alcohol, y después de la muerte de mi padrastro, empeoró mucho más. Pasó por múltiples intentos de suicidio. Incluso una vez vino hacia mí con un cuchillo diciéndome que estaba cavando mi propia tumba. Tuvo que ser físicamente restringida esa noche antes de que mi tía viniera y me llevara.

No sabía cómo manejar o procesar nada de esto, nadie me preguntó cómo estaba. Sentía que apenas me las arreglaba. Tenía 16 años. Y sin adultos en mi vida "criándome", dejé todo, todos los equipos y clubes, y hice lo mínimo en mi último año de secundaria. Solo necesitaba superarlo. Afortunadamente, había obtenido suficientes créditos avanzados y adicionales, lo que me permitió terminar mi último año simplemente tomando cursos básicos, de lo contrario, no sé cómo lo habría logrado. Mi beca ya estaba asegurada, así que nada más parecía importar realmente.

Ese año comencé a fumar marihuana y a relacionarme con personas sospechosas. Me hice mi primer tatuaje en el único salón que aceptaría a menores (no el más agradable, déjame decirte). Ese tatuaje fue un ancla en mi viaje. Decía (y aún dice) 'Para Mi Corazon', que significa "Para Mi Corazón", una letra de una canción llamada Penelope de una banda llamada Pinback. La letra completa dice: "Me sumerjo con todo mi equipo en busca de un tesoro para mi corazón". Era mi promesa de seguir siempre la verdad de mi corazón, sin importar lo difícil o aterrador que se volviera.

Logré ingresar a mi primer año de universidad en Wilfred Laurier en Waterloo, pero nada se sentía bien. Parecía que solo estaba marcando casillas. No pasó mucho tiempo antes de que me hartara y decidiera quemarlo todo. Dejé a mi novio de larga data, abandoné la universidad y me mudé a Toronto. Mi corazón estaba en una misión, mi verdad me estaba guiando, y tenía un tesoro que encontrar.

Imagínate a mí a los 18 años, conduciendo el Jetta negro, oxidado y ruidoso de mi madre de 1996, escuchando CDs de Abraham Hicks mientras recorría las calles de Toronto. Recientemente había visto la película The Secret por primera vez y quedé encantada con la idea de que podía crear mi propia realidad. Me sentía en la cima del mundo. Había dejado las restricciones de identidad de mi ciudad suburbana y me había mudado a la anónima gran ciudad. Podía ser quien quisiera ser. Tenía mi propio lugar, ganaba buen dinero como camarera y sentía que podía hacer cualquier cosa. Con las ventanas bajadas y el viento en mi pelo, me sentía tan poderosa.

Y, por otro lado, estaba lidiando con la ansiedad y la depresión. Mi cuerpo se sentía como el de una persona de 80 años. Estaba fumando mucha marihuana, de fiesta y no me alimentaba bien. Estaba débil, bajo peso, con importantes problemas digestivos y me estaba llevando al límite sin tener una idea real de cómo detenerme. En esa época, irónicamente, me obsesioné con la autoayuda. Experimentaba subidones leyendo cada libro que podía conseguir en un intento de encontrar mi bala de plata. Quería conocer los pasos exactos que podía seguir para garantizar que alcanzaría mi máximo potencial en la vida. Buscaba una escapatoria del sufrimiento en el que estaba atrapada.

Mi mayor miedo era que estaba condenada a la mediocridad y que toda mi lucha no iba a servir de nada. Tenía un miedo mortal de ser una decepción y un fracaso. No sabía cuál sería mi próximo paso y me sentía atrapada.

· · ·

Decidí regresar a la escuela. Me trasladé a la Universidad de York, porque mi corazón estaba en Toronto, y comencé a trabajar en mi licenciatura en psicología. Tenía una vocación, sabía que si podía entender a las personas, podría evitar que tomaran el oscuro y sombrío camino que había tomado mi madre. Si solo podía entender, podría ayudarles a evitar todo el dolor y sufrimiento que yo había visto. Tenía una misión de nuevo, tenía un propósito, y la escuela era fácil para mí.

Así que seguí adelante y obtuve el título. Sin embargo, no tuve una experiencia universitaria típica. Lo traté de manera muy mecánica, iba a clases y me iba. Era transaccional, no había alegría en el proceso, y aún huía de mi dolor bebiendo y de fiesta. Y cuando terminé la universidad, me encontré con una dura realidad. Sin más exámenes que hacer ni casillas que marcar, me di cuenta de que el mundo real no es como la escuela en absoluto. No puedes entrar, sentarte, escribir un examen, obtener una buena calificación y simplemente tener éxito. La vida no es tan lineal ni predecible, es salvaje y caótica. El éxito en el mundo real es mucho más complejo y matizado. Requiere mucho más que memorización. Exige inteligencia emocional y resistencia. Pensé que debido a mi inteligencia académica, dominaría la vida muy rápido, pero vaya, tuve una curva de aprendizaje pronunciada.

Después de graduarme, no sabía qué hacer a continuación. Estaba ansiosa y lista para adentrarme en la vida. No quería quedarme atrapada en la teoría y las conferencias. Mientras lo estaba descubriendo todo, me involucré en el entrenamiento personal, lo que resultó ser una gran bendición. ¿Recuerdas cuando te dije que estaba débil, bajo peso y luchando con mi digestión? Entrar al gimnasio fue el comienzo de un viaje de salud revolucionario para mí. Uno que me ayudó a darme cuenta de que no solo tengo que aceptar las cartas que me reparten, sino que puedo elegir cómo quiero jugarlas. Mi cuerpo era tan valioso como mi mente, y cuando cuidaba ambos, me volvía aún más poderosa.

Fue alrededor de ese momento que entré en el mundo del emprendimiento. Como una persona decidida, tipo A, con ganas de triunfar, no tenía ningún deseo de recibir órdenes de nadie más. ¿Por qué iba a gastar mi tiempo construyendo el sueño de otra persona cuando podía construir el mío? Así que comencé un negocio de entrenamiento personal y asesoramiento nutricional. Pero, vaya, luché mucho.

Esos primeros días en el emprendimiento me dejaron en claro que mi inteligencia académica y mi perfeccionismo no eran la panacea que yo creía que eran. Había envuelto toda mi autoestima en mi capacidad para tener éxito en los negocios, y nada estaba funcionando. Luché por ganar $1000 al mes y seguí cambiando de dirección, esperando que cada cambio trajera mágicamente grandes ganancias. Si solo lo intentaba de esta manera, o de esa manera, o hacía lo que ella estaba haciendo, o lo que él decía que era el sistema mágico, tal vez finalmente funcionaría. Detrás de escena, estaba lidiando con una relación tumultuosa con mi madre y conmigo misma. Comencé a beber y fumar en exceso, en secreto, tratando de huir del dolor de admitir cuánto estaba decepcionada de mi vida. Todavía intentaba salir del agujero con la autoayuda, sin éxito.

Tuve muchos momentos de reflexión en los que me miraba al espejo y me preguntaba si de hecho estaba yendo por el mismo camino que había hecho todo para evitar. La verdad era que, por mucho que intentara ser diferente, todavía estaba escondiendo muchas cosas bajo la alfombra, tratando de "arreglarme" buscando externamente las soluciones.

Luego, un día, tomé decisiones que amenazaban con hacer estallar toda mi vida tal como la conocía. Estuve al borde de perder todo lo que significaba algo para mí. Fue una llamada de atención. Sabía que iba a tener que cambiar si no quería tropezar por el mismo oscuro camino de autodestrucción que había tomado mi madre.

Me volví hacia la terapia, las afirmaciones, el trabajo con el espejo y la escritura en un diario. Todas cosas que conocía desde hacía años, pero que nunca había hecho de manera consistente. Yo era el tipo de persona que leía un libro de autoayuda, llegaba a la parte con las prácticas sugeridas y las pasaba por alto, ya sea haciéndolas rápidamente en mi cabeza o pasándolas por alto completamente. Siempre estaba buscando conocimiento, pero nunca lo incorporaba. Cuando finalmente me comprometí a hacer realmente el trabajo, hice algunos cambios reales en mi vida. Dejé de beber y comencé a redescubrir quién era. Comencé a reconocer cuánto auto-desprecio latente se escondía bajo la superficie y cómo, de manera subconsciente, dirigía mi vida. Al principio estaba perpleja y no quería admitirlo. No tenía sentido. Era tan "buena sobre el papel", ¿cómo podría no gustarme, y mucho menos detestarme?

La verdad era que estaba gastando tanta energía tratando de ser perfecta que realmente no tenía idea de quién era. Estaba demasiado ocupada retorciéndome en la imagen de lo que pensaba que debería ser, que la voz en mi cabeza me hizo creer que cualquier cosa menos, es decir, la verdadera yo, era una gran decepción. "¿Qué quieres decir con que soy valiosa simplemente por aparecer? Nadie va a tolerar eso... tienes que dar para recibir". Simplemente no podía entender el concepto de valor inherente.

. . .

Comencé a reconocer mi perfeccionismo y me sumergí en mi vulnerabilidad. Mi idea anterior de "fortaleza" era ser lo más cerrada y desprovista de emociones posible. Piensa en 'I Am a Rock', de Simon & Garfunkel. Una de las mayores bendiciones que surgieron de este período de mi vida fue descubrir el trabajo de Brene Brown, que cambió por completo la forma en que abordaba mi relación conmigo misma. Su libro, "Los dones de la imperfección", se convirtió en mi biblia. Me di cuenta de cuánto de mi vida me estaba perdiendo al tratar constantemente de adelantarme a mis emociones negativas y de gestionar las percepciones de los demás sobre mí. Realmente no conocía la alegría. Pensaba que podía minimizar mi propio dolor siendo dura y disciplinada. Sentía que tenía que lograr algo para ser valiosa. Durante este tiempo, estaba extremadamente a la defensiva debido a todas mis percepciones de insuficiencia y estaba sufriendo mucho.

Creo que la mayoría de nosotros sabemos en cierto grado que somos nuestro peor enemigo, sin embargo, nadie nos enseña realmente cómo mejorar la relación que tenemos con nosotros mismos. Escuchamos que deberíamos practicar el amor propio, pero eso puede sentirse realmente ajeno cuando venimos de un lugar de profundo auto-odio. Puede parecer que estamos tratando de poner una tirita en una herida enorme que realmente necesita puntos de sutura.

Mi curación más profunda ocurrió cuando descubrí la autocompasión. En particular, la práctica de la Compasión Plena hacia Uno Mismo, según enseña la Dra. Kristen Neff. Encontré su trabajo a través de una referencia dentro de "Los dones de la imperfección" de Brene Brown y mi vida cambió para siempre.

· · ·

La compasión se convirtió en el bálsamo curativo que había estado buscando toda mi vida. Fue la práctica dulce y lenta de aceptarme tal como era en ese momento, y aprender a satisfacer mis propias necesidades, lo que finalmente me permitió dejar de resistirme a mí misma. Finalmente entendí que el mundo no era mi enemigo, que no podía aferrarme y forzarme a moldearme en una persona perfecta. Como diría Abraham Hicks, "nada de lo que deseas está en contra de la corriente", pero me di cuenta de que había pasado casi 30 años de mi vida remando con todas mis fuerzas contra la corriente.

Fue alrededor de este tiempo que me volví a familiarizar con la manifestación. Encontré algunos entrenadores en línea que me expandieron enormemente a través de sus enseñanzas sobre la manifestación y la mentalidad del dinero. Fue entonces cuando realmente comencé a explorar mi propia identidad, lo que deseaba y lo que era posible para mí. Comencé a darme mucho permiso para ser, hacer y tener lo que quisiera.

Pero, prediciblemente, intenté ser el manifestador perfecto. Lo complicado del perfeccionismo es que es profundo y enormemente pervasivo. Solo porque lo hayas reconocido en un área no significa que no vaya a aparecer en algún otro lugar. Es honestamente como jugar al whack-a-mole.

Pensé que porque ahora estaba jugando en el ámbito de la energía y el potencial, no en la lógica y la razón, mi perfeccionismo no me sabotearía. A medida que trabajaba en mis prácticas de manifestación, rápidamente empecé a sentir que había algo mal en mí. Me molestaba mucho cuando leía cosas como "sé una coincidencia energética" o "estar en alineación con tu deseo". Me resentía al ver las grandes manifestaciones de otras mujeres. Sentía que debía estar haciendo algo mal. No podía afirmar las creencias limitantes en un instante, como enseñaban. Todo este amor y luz me hacía sentir que mi energía no era lo suficientemente buena para obtener las cosas que quería y que debía haber algo mal en mí debido a todo el trauma que había sufrido de niño. Estaba enojada y resentida con las personas que tenían una vida más fácil.

Lo que me di cuenta fue que…

*NADIE ESTABA HABLANDO DE MANIFESTAR A TRAVÉS DEL TRAUMA.*

Los únicos mensajes que pude encontrar me decían que buscara un "pensamiento mejor" o que "sugiriera la duda". Siempre me decían que tuviera disciplina, fuera persistente y me enfocara implacablemente en mi ardiente deseo.

En este momento de mi vida, ya había comenzado mi carrera como coach. Estaba utilizando lo que aprendí a través de mi propia terapia, sanación espiritual y el trabajo de Brene Brown para empezar a enseñar a otras mujeres cómo salir de su propio camino. También estaba incorporando elementos de la manifestación en mi trabajo, pero aún no había descubierto cómo integrar ambos enfoques.

Me di cuenta cada vez más de que en el mundo de la manifestación faltaban las piezas de autocompasión y autoaceptación. Se compartían muchas enseñanzas en línea sobre asumir la responsabilidad personal, pero no había nada para ayudar a aliviar la culpa y la vergüenza que acompañaban a quienes luchaban con eso. Noté una corriente subyacente de culpa y vergüenza victimizante que pasaba desapercibida dentro de este mundo de ensueño, de luz y amor.

Y supe que tenía que hacer algo al respecto.

Así que ideé un proceso de manifestación que integraba profundamente los pilares de vivir con todo el corazón, impregnado de autocompasión y autoaceptación radical, y lo llamé Manifestación Centrada en la Compasión. Y ahora te lo voy a enseñar.

En un mundo que nos enseña a esforzarnos, puede parecer extraño pensar en la compasión y la aceptación como parte de la ecuación de la manifestación. Pero, vaya, si tuviera un centavo por cada vez que alguien me dijo que finalmente pudo sentirse de la manera que quería después de manifestar a través de mi método, sería una mujer muy rica. Y de alguna manera, ya lo soy, porque cobro mucho más por estas enseñanzas que un centavo. ¡Tienes suerte!

Permíteme desglosar mi proceso para ti.

En primer lugar, mi enfoque pone mucho énfasis en los diferentes niveles de tu identidad. No puedes aplicar estos conceptos si no consideras tu relación contigo misma. Necesitamos estar en un viaje de autoconocimiento antes de poder aceptarnos y tener compasión verdadera por nosotros mismos.

Los tres niveles de tu identidad son:

1. **Tu Identidad Fuente:** Esta es tu conciencia original, o lo que algunos llaman tu alma.
2. **Tu Identidad Humana**: Esta es tu personalidad, que es todo el polvo y el brillo que recoges a lo largo de tu viaje en esta tierra.
3. **Tu Identidad del Vórtice:** Esta es la versión más elevada y más recurrida de ti misma que ya está viviendo la vida de tus sueños.

Desglosemos estos niveles aún más.

## TU IDENTIDAD FUENTE

Tu Identidad Fuente es aquella con la que naciste. Piensa en Dios, o en el universo, o como quieras llamar a tu versión de un poder superior, como el sol, y tú como un rayo de luz que emana de este sol. Eres inseparable para siempre de la fuente creativa más poderosa que existe. No hay nada que pueda alterar esta conexión. Es constante. Pero muchos de nosotros lo hemos olvidado. Creemos que estamos separados, pero es una ilusión de la mente. Un lapsus de memoria. Afortunadamente, nuestra Identidad Fuente se puede recordar fácilmente, y a veces incluso instantáneamente.

La razón por la cual tu Identidad Fuente es tan importante en este proceso de manifestación es que quita la presión únicamente de tus hombros humanos. Si podemos recordar que tenemos acceso a un poder creativo infinito, podemos aprovechar la magia que siempre está disponible y dejar de intentar que nuestra parte humana trabaje tan duro. También podemos afianzarnos en esta parte de nuestra identidad cuando profundizamos en nuestra autoaceptación porque sabemos que en nuestro nivel de Identidad Fuente, siempre somos exactamente como estamos destinados a ser.

. . .

### Cómo conectarte con tu Identidad Fuente:

Conectar con tu Identidad Fuente se trata de mirar hacia adentro. Se trata de quedarse quieto y conectarse con algo más profundo y más grande que lo que parece a simple vista. Te sugiero hacer cosas como ir a la naturaleza y observar la admiración que existe allí y sentir tu conexión con ella. También herramientas como la meditación y conectar con tu respiración a través de técnicas de respiración o simplemente respirar conscientemente pueden ayudarte a conectarte con la energía fuente dentro de ti. También puedes quedarte en silencio y preguntarte a ti misma, ¿qué me haría sentir más conectada con algo más grande que yo? ¿Qué me haría sentir más conectada con toda la otra conciencia que existe como una extensión de mí? Observa lo que surge. Confía en ti misma. Tal vez sea bailar, tal vez sea nadar, tal vez sea abrazar a tus hijos o mascotas.

## TU IDENTIDAD HUMANA

Esta es la capa en la que la mayoría de las personas tiende a quedarse atascada cuando se trata de manifestar. Nuestra Identidad Humana es la que reúne todos nuestros mecanismos de afrontamiento y heridas pasadas, y los utiliza para comportarse de maneras que alguna vez pudieron habernos servido pero que ya no lo hacen. Nuestra Identidad Humana es la que tiene todas las peculiaridades. También es la que más presionamos y la que tendemos a devaluar más.

En el mundo moderno de la manifestación, hay mucha retórica despectiva en torno al yo humano o al yo mecánico en 3D, lo cual encuentro bastante perjudicial. En verdad, nuestra Identidad Humana debería ser honrada. Nuestra Identidad Humana es la que necesita más compasión. Puedes pensar en tu yo humano casi como en tu hijo del alma. Si eres padre, sabes lo fácil que es ser duro con nuestros hijos por sus deficiencias porque proyectamos muchas de nuestras propias inseguridades y creencias limitantes en ellos. Cuando en realidad, nuestros hijos necesitan ser aceptados donde están y apreciados por lo que son para prosperar.

Nuestra Identidad Humana está en una batalla constante entre su ego y su verdad. Imagina que es una madre con una carga pesada, no necesita más presión, necesita reconocimiento, alivio y que le digan que está haciendo un gran trabajo.

**Cómo conectarte con tu Ser en Nivel Humano:**

Conectarte con tu Identidad Humana implica conocer tus preferencias. Y esto puede ser realmente divertido. Conectar con tu Identidad Humana es descubrir lo que te hace sentir bien y cómo te expresas mejor. Puede tratarse de explorar pasatiempos, moda, música, danza. Una forma realmente simple de comenzar aquí es sumergirte en cualquiera de estas categorías, sintonizar y preguntarte a ti misma: ¿me gusta esto o no? Ve de compras, no compres nada, simplemente mira y pregúntate a ti misma, "¿me gusta esto? sí o no?" Prueba cosas nuevas, prueba cosas que solías disfrutar pero que has dejado de lado. Prueba cosas que siempre has querido probar. ¿Cuáles son tus opiniones? ¿Cuáles son tus valores? Descubre quién es tu yo humano ahora.

**Cómo conectarte con el Lado Oscuro de tu Ser en Nivel Humano:**

El lado oscuro de tu yo humano vale la pena explorarlo. Aquí es donde entra en juego la autoaceptación radical de la manifestación. A veces, cuando escuchamos la palabra sombra, automáticamente la asociamos con nuestras partes oscuras, malas y vergonzosas. Pero la verdad es que es todo lo contrario. Nuestra sombra nos muestra todos los lugares dentro de nosotros que simplemente buscan amor. Nos muestra las partes de nosotros que ahora podemos volver a criar, sacar a la luz y reintegrar en nuestra identidad para ayudarnos a volver a la totalidad. Para adentrarte en la Sombra de tu Identidad Humana, reflexiona sobre qué aspectos de ti mismo te hacen sentir mal. Luego, adopta la perspectiva de esa parte. Pregúntale qué está tratando de lograr, ¿qué resultado está tratando de crear? ¿Puedes ver esa parte de ti como entrañable? ¿Puedes amarla por lo que aporta? ¿Puedes encontrar una manera de satisfacer sus necesidades de una manera que se sienta jugosa y deliciosa?

## TU IDENTIDAD EN EL VÓRTICE

Tu Identidad en el Vórtice es tu yo aspiracional. Es tu versión favorita de ti mismo. Es a quién te imaginas siendo. Desafortunadamente, lo que sucede con esta parte de tu identidad es que se externaliza e idealiza demasiado. Lo que quiero decir con eso es que se convierte en una versión "perfecta" de ti en la mente de tu Identidad Humana. Y luego, esa versión perfecta de ti se proyecta en tu yo humano, por tu yo humano.

Eso no es lo que esto es. Tu Identidad en el Vórtice siempre está dentro de ti. Es la versión más centrada en el corazón, confiada, alineada con tu verdad, conectada profundamente con la fuente. No es "perfecta" en absoluto.

A menudo, cuando intentamos conectarnos con esta versión de nosotros mismos, terminamos tratando de ser alguien que no nos parece auténtico. Jugamos a disfrazarnos y comenzamos a probar comportamientos y formas de ser que no se sienten verdaderos. Quiero aclarar que no hay nada malo en jugar con diferentes identidades, eso puede ser realmente sanador y útil en nuestra manifestación. Lo que te advierto es que seas muy honesta contigo misma acerca de tu intención mientras intentas ser ella ahora. Mi creencia es que la mejor manera de conectarte con tu Identidad en el Vórtice es conectarte primero con tu identidad de Origen y hacerla surgir desde allí. Puedes hacer esto a través del juego, pero también puedes hacerlo conectándote con tus valores más altos y cultivando comportamientos (como la autocompasión) que estén alineados eligiendo incluir esas acciones en tu vida cotidiana.

## CÓMO CONECTARTE CON TU IDENTIDAD EN EL VÓRTICE:

Como mencioné, cuando la mayoría de las personas se conecta con su Identidad en el Vórtice, termina fingiendo ser alguien que no se siente auténtico. Las técnicas de manifestación tradicionales nos enseñan a inventar algún tipo de personaje ficticio futuro de quién queremos ser para aprovechar nuestro potencial más alto. Pero me gustaría sugerir algo diferente aquí. Primero, ve hacia adentro, hacia tu corazón. Conéctate con los valores que exploraste en tu Identidad Humana y sigue desde allí.

Si fueras la versión más resuelta de ti (emocional, espiritual y físicamente), ¿cómo te presentarías en tu día a día? Si no tuvieras limitaciones en tus preferencias o creencias, ¿con quién te rodearías y qué estarías creando? Si alguien fuera a escribir una película sobre tu vida, desde el final, ¿cómo escribirían tu personaje? ¿Cómo jugaría ella, cómo se sentiría, qué tipo de preguntas te estaría haciendo en este momento?

Ahora que comprendemos las tres identidades distintas y cómo conectarnos con ellas, podemos descubrir la siguiente capa de este código de manifestación: la práctica diaria. Para empezar, recomiendo hacerte estas tres preguntas todos los días.

1. ¿Cuáles son mis prioridades?
2. ¿Cuáles son las acciones que harán avanzar más hacia estas prioridades?
3. ¿Qué se sentiría jugoso y delicioso para mí en este momento?

A veces, estas cosas coinciden y las prioridades pueden sentirse jugosas y deliciosas, y a veces las cosas jugosas y deliciosas son piezas separadas que necesito inyectar conscientemente en mi día para apoyarme en la consecución de mis prioridades. A veces necesitamos alejarnos de lo táctico para traer más magia a nuestras vidas y así poder renovar nuestra energía.

A continuación, es importante saber cómo enfrentar los inevitables desafíos diarios de la vida. En nuestro camino de manifestación, surgen problemas y contratiempos, somos seres humanos. Hay días en los que siento que no estoy haciendo lo suficiente o en los que me afecta el comportamiento de otra persona. Esto es vida. Y aquí es donde entra la siguiente pieza del código de manifestación: la autocompasión.

## AUTOCOMPASIÓN

La autocompasión ha tenido el impacto más profundo en mi vida. La investigación ha demostrado que cultivar la autocompasión puede ser más poderoso y efectivo que cultivar la autoconfianza, ya que la autoconfianza generalmente implica un enfoque de finge hasta que lo logres que puede llevar a una falsa confusión del yo, en otras palabras, a la sobreconfianza.

. . .

La Dra. Kristin Neff, profesora asociada de psicología educativa en la Universidad de Texas, afirma que lo opuesto a la sobreconfianza es la autocompasión. Ella define la autocompasión como: Tratarte con la misma amabilidad, cuidado y preocupación que tratarías a un ser querido. Se enmarca en términos de humanidad, lo cual marca una gran diferencia cuando el mensaje de la manifestación convencional básicamente es tratar de olvidar que eres humano.

La Dra. Neff ha influido enormemente en mi vida a través de su trabajo en la Autocompasión Consciente y los conceptos que enseña en su cuerpo de trabajo.

La Autocompasión Consciente consta de tres elementos:

1. Bondad hacia uno mismo
2. Humanidad común
3. Atención plena

Podemos usar cada uno de estos a lo largo de nuestro viaje de manifestación para volver a un estado de totalidad, liberar resistencias y regresar a nuestro ser fluido, creativo y receptivo. Aquí te dejo cómo recomiendo usar cada uno.

## BONDAD HACIA UNO MISMO

La bondad hacia uno mismo implica cultivar nuestra capacidad para brindarnos la misma cantidad de cuidado que brindamos a los demás. Se trata de ofrecernos calidez y aceptación incondicional, así como aprender activamente a reconfortarnos y tranquilizarnos. Una de las mejores maneras de practicar la bondad hacia uno mismo es simplemente preguntarnos a nosotros mismos: "*¿Qué necesitas, cariño?*"

## HUMANIDAD COMÚN

La humanidad común es la sensación de interconexión que sentimos con otras personas. Es un reconocimiento de la belleza en nuestra experiencia humana y un reconocimiento de que todos los humanos, incluyéndonos a nosotros, somos imperfectos y obras en progreso. Se inclina hacia el hecho de que, por difícil que sea la vida, nunca estamos verdaderamente solos y todos estamos igualmente compuestos de fortaleza y lucha. Nadie en la Tierra escapa de las dificultades. El dolor es parte de la experiencia humana y cualquier momento de sufrimiento que tengamos puede transformarse en una oportunidad de conexión con los demás, y por lo tanto, una sensación de ser vistos y pertenecer.

Una de las mejores maneras de practicar esta parte de la autocompasión es buscar intencionalmente comunidades donde sea seguro que te vean y compartas abiertamente tu corazón. Busca espacios donde haya personas en viajes de crecimiento y curación similares al tuyo y donde la aceptación y la compasión sean valores altamente apreciados.

## ATENCIÓN PLENA

La atención plena es un compromiso de estar abierto a las cosas tal como son en el momento, de manera equilibrada. La lección más importante que he tenido personalmente al aprender sobre la atención plena es encontrar equilibrio. Significa prestar atención a nuestras tendencias a identificarnos en exceso con, o a negar nuestras emociones. Ninguna de estas opciones es saludable, así que usamos la atención plena para ser radicalmente honestos con nosotros mismos sobre si estamos ignorando cosas o permitiéndonos ser dominados y arrastrados por nuestras experiencias emocionales.

La mejor manera de hacer esto es comenzar a ser realmente bueno en cuestionarte a ti mismo. Personalmente, utilizo y a menudo recomiendo "The Work" de Byron Katie como un gran lugar para comenzar.

## ACEPTACIÓN PERSONAL

La última pieza de este código de manifestación es la aceptación personal. Porque en el corazón de la autocompasión está la aceptación. En el pasado, cada vez que escuchaba a alguien hablar sobre la aceptación personal, siempre pensaba que significaba rendirse. Pensaba que si ibas a aceptarte a ti mismo, significaba que habías terminado con el crecimiento y que todo estaba cuesta abajo desde allí. Definitivamente no estaba de acuerdo con esta idea. No, no yo, con mi mentalidad de crecimiento de por vida.

No me di cuenta de que al pensar de esta manera, estaba abordando mi viaje de crecimiento desde una mentalidad de escasez. Estaba viéndome a mí misma a través de una lente de escasez y la verdad es que, si vamos a manifestar algo, tenemos que hacerlo desde un lugar de suficiencia, no de carencia.

Tuve que dejar de verme como algo roto que necesitaba reparación. No era un proyecto de bricolaje de fin de semana, era un ser humano. Mientras no estuviera dispuesta a aceptarme a mí misma, nunca podría presenciar a la mujer que ya tenía la vida de sus sueños. Tenía que dejar de gastar tanta energía tratando de deshacerme de todas las partes de mí que pensaba que me estaban frenando y aprender a aceptarlas incondicionalmente.

La verdad es que esas partes de mí que sentía que me estaban frenando también estaban tratando de protegerme. Intentaban mantenerme a salvo y satisfacer una necesidad que no había podido satisfacer de otras maneras. Al intentar desterrar estas partes de mí misma y abordarlas desde un lugar de vergüenza, estaba creando más resistencia. Lo opuesto a la aceptación es la resistencia.

Lo que más me ayudó en esta área fue descubrir el concepto de "Existential Kink", que es un proceso que se encuentra en un libro con el mismo título de una mujer llamada Carolyn Elliot.

La idea detrás del proceso es encontrar tu disfrute sutil y peculiar de todas las partes de ti que has considerado inaceptables en la superficie. En realidad, se ajusta al proceso terapéutico llamado Sistemas Familiares Internos (otro proceso que he encontrado extremadamente útil en mi viaje de aceptación personal), donde reconocemos el beneficio que estas partes nos brindan.

Para mí, mi ejemplo fue reconocer a mi "Pequeña consentida interna". No crecí con muchos recursos y siempre me enseñaron a trabajar muy duro por lo que conseguía y nunca pedir más de lo que necesitaba o "merecía". Así que cuando finalmente me encontré en una vida donde estaba recibiendo más de lo que nunca había recibido antes, me sentí muy incómoda al poder reconocerlo o incluso mostrar gratitud por ello, porque era un gran espejo que reflejaba mi propia indignidad. Me lanzaron palabras como mimada, cazafortunas, ingrata y consentida (algunas de mis peores pesadillas).

Luego, cuando descubrí el trabajo en torno a Existential Kink, me di cuenta de cuánto placer latente estaba obteniendo al permitirme jugar con esta identidad. Una vez que hice eso, los desencadenantes de ser llamada con esos nombres y los miedos asociados comenzaron a disiparse. Pude recibir con mucha más gracia y gratitud.

Además de todo eso, una vez que liberé la resistencia en torno a esta parte de mi identidad, en realidad tuve mucho más facilidad para atraer más abundancia directamente a través de mí en lugar de que me la proporcionaran indirectamente.

Como puedes ver, hacer el trabajo de excavación que conlleva la aceptación personal puede tener efectos muy amplios y poderosos que quizás ni siquiera anticipemos. Pero si podemos empezar a conectar los puntos y comenzar a reconocer que cuanto más INTEGRALES seamos, menos resistencia encontraremos y más fluirán con facilidad y belleza nuestros sueños y deseos.

Realmente no se trata de hacer que la manifestación suceda, se trata de eliminar todos los obstáculos que se interponen en nuestro camino para simplemente recibir. Se trata de reconocer los topes y baches de vergüenza que existen en nuestro viaje y ser lo suficientemente conscientes para no caer en ellos varias veces. Podemos hacer eso utilizando estos códigos de manifestación.

## DÓNDE ME HAN LLEVADO ESTOS CÓDIGOS DE MANIFESTACIÓN:

Estos códigos de manifestación me han llevado de ser una persona hiperansiosa, perfeccionista extrema con una autoestima dolorosamente baja a ser una mujer que confía en sí misma, se siente apoyada y orgullosa, con resultados que lo demuestran.

Desde que implementé estos cambios en cómo me relaciono conmigo misma, he podido manifestar las cosas más hermosas que la vida tiene para ofrecer, cosas que van mucho más allá de las cosas llamativas de un tablero de visiones.

Permíteme recordarte cómo era mi vida justo antes de sumergirme profundamente en este trabajo. Estaba luchando por ganar $1000 al mes en mi negocio. Sentía que estaba "marcando todas las casillas", y todo parecía tan difícil. No entendía por qué nada se estaba alineando para mí. Constantemente sentía que estaba tratando de demostrar algo. Siempre me ponía a la defensiva. Me sentía desesperada y atormentada por mi percepción de que seguía siendo un "fracaso" a pesar de saber que tenía tanto potencial. Estaba haciendo un esfuerzo sobrehumano tratando de hacer todo bien, y simplemente me sentía tan cansada. Sentía que estaba viviendo una mentira, yendo de vacaciones, viviendo en lugares hermosos y haciendo cosas extraordinarias, pero nunca me sentía digna de nada de eso.

Pero una vez que comencé a encarnar estos códigos de manifestación, las cosas empezaron a fluir y a sentirse fáciles en mi vida. Pude encontrar muchos momentos de alivio y consuelo en mis nuevas herramientas y prácticas. Comencé a sentirme digna de lo que ya tenía y finalmente pude sentir gratitud por mi vida tal como era en lugar de sentir vergüenza e indignidad.

. . .

Desde que hice estos cambios, mi negocio ha despegado. He tenido meses de ventas de $30,000 y rara vez caigo por debajo de los $8,000. Me compré un vehículo de lujo y soy completamente autosuficiente financieramente. Honestamente, aunque todo eso es un gran logro, creo que las otras cosas que he podido manifestar y cambiar en mi vida son mucho más importantes y significativas para mí.

En primer lugar, pude tener el mejor año de toda mi relación con mi mamá antes de que falleciera a principios de noviembre de 2022. También sané mis relaciones con muchos otros miembros de mi familia como resultado de nuestra reconciliación, incluyendo muchas tías y primas con las que me sentía distanciada. Y mi relación con mi hermano y mi papá está mejor que nunca.

He estado sosteniéndome en mi duelo por la muerte de mi mamá de las formas más hermosas e inspiradoras. Estoy observando cómo me trato, cómo me hablo y permitiéndome moverme a través de todas las emociones y lugares que necesito para procesar esta cosa tan grande y compleja para mí.

Como mencioné anteriormente en el capítulo, mi relación con mi mamá no fue fácil, y eso ha hecho que perderla sea aún más complejo. Hay mucho que viene con perder a un padre, especialmente cuando tienes tantos sentimientos encontrados vinculados a la relación. Un padre es tu base en la vida y, ya sea sólida o no, quitar esa base te sacude. Así que mi trabajo ahora ha sido construir constantemente mi propia base y volver a anclarme en mi nueva vida.

. . .

También he pasado más de la mayoría de mi vida adulta dedicándome a ser una rompe-ciclos. Me he propuesto ser la primera mujer en mi línea familiar en vivir desde un lugar de plenitud y alegría, rompiendo los ciclos de abuso y adicción que han afectado a mis ancestros durante generaciones. La muerte de mi mamá abrió el espacio para que procesara la parte de mi Identidad Humana que heredé de ella y todas las historias que me transmitió sobre ser una superviviente. Ahora tengo la oportunidad de evolucionar mi identidad a un lugar donde ya no dependa o sea alimentada por esas historias. No hay forma de que pueda sostenerme aquí sin estos códigos de manifestación.

Para rematar, en enero de 2023, mi esposo de 9 años y yo comenzamos nuestro proceso oficial de separación. Otra gran parte de mi identidad comenzó a cambiar y me enfrento a una carga completamente nueva de emociones para procesar. Y aunque esto todavía es muy reciente para mí, ya he logrado construir mucha más confianza en el universo sobre lo que es posible gracias a estos códigos de manifestación. He estado experimentando altos más altos y bajos más bajos que nunca, y no veo esto como algo malo. No lo veo como una montaña rusa, lo veo como una expansión. Estoy muy orgullosa de mi capacidad para sostener mi propio dolor y malestar porque me ha dado la capacidad de sostener más belleza, alegría y gratitud también.

No puedes adormecer selectivamente. Cuando aprendemos a sostener espacio para nuestras emociones "negativas", de manera consciente (es decir, sin identificarnos demasiado con ellas ni escondiéndolas bajo la alfombra), también aprendemos cómo permitir la alegría sin huir de ella por miedo a que no dure. La autocompasión y la aceptación nos permiten experimentar realmente toda la gama de lo que ser humano tiene para ofrecer, podemos tenerlo todo, literalmente, y podemos ver el increíble regalo y belleza en eso.

. . .

Mucha gente me ha preguntado cómo he podido presentarme al nivel que lo he hecho mientras llevaba todo esto, y sin dudarlo un segundo, atribuyo estos códigos de manifestación. Me hubiera retirado a la oscuridad y me hubiera perdido corriendo y adormeciendo si no hubiera aprendido estos procesos y construido la resistencia que me han brindado. En cambio, estoy tremendamente orgullosa de mí misma. Encuentro momentos de alegría masiva en mi vida cotidiana. No necesito buscar experiencias culminantes para sentirme viva, aunque aún disfruto del lujo y las cosas muy agradables. No siento que tenga que vivir un estilo de vida increíblemente extraordinario, elegante y llamativo para sentir que estoy haciendo algo bien o que soy especial.

He conectado con el verdadero poder del ahora, porque sé que SOY todo en este momento. Este concepto fue realmente difícil de entender para mí durante mucho tiempo, pero puedo decir con orgullo que realmente lo siento hoy, gracias a estos códigos de manifestación.

Espero que desbloqueen la misma magia para ti que la que han desbloqueado para mí.

# CAPÍTULO 7
## PENSAMIENTOS FINALES

Como puedes ver, la manifestación es verdaderamente como el arte. No hay un enfoque único que sirva para todos al crear la vida de tus sueños. Cada uno de nosotros tiene una relación única con el universo, y depende de nosotros abrirnos a ella.

No importa en qué punto de tu viaje te encuentres, eres poderoso. Eres capaz. Tienes lo necesario para crear una obra maestra con tu vida. La manifestación está disponible para cada uno de nosotros. Las mujeres dentro de este libro no son especiales. Han luchado, dudado y perdido. Son seres humanos como tú. Y sin embargo, han logrado crear vidas extraordinarias a través de la incorporación de sus Códigos de Manifestación.

Mi sugerencia ahora que has leído este libro es ¡practicar y experimentar! Elige los códigos que resuenen contigo y comienza a tejerlos en tu vida diaria. Pruébalos. Observa cómo se sienten. Mira lo que crean. Y adapta tu proceso de manifestación a medida que avanzas. Con un corazón abierto, un poco de fe y una mente creativa, realmente no hay límite en lo que puedes crear y experimentar. ¡Feliz Manifestación!

# CAPÍTULO 8
# ES HORA DE QUE EL MUNDO MANIFIESTE.

Al alinear tu mentalidad, comportamientos y acciones con tus manifestaciones, te colocas en una excelente posición para inspirar a alguien más.

Simplemente al dejar tu opinión honesta sobre este libro en Amazon, mostrarás a nuevos lectores dónde pueden encontrar los códigos que necesitan para manifestar la vida de sus sueños.

Muchas gracias por difundir la palabra. Estás en el camino para manifestar lo que deseas, y puedes inspirar a alguien más a hacer lo mismo.

# SOBRE LOS AUTORES

# LISA FERNANDES

La autora principal y editora, Lisa Fernandes, es una coach y sanadora que explora el pensamiento de la nueva era, la energética y el espiritualismo.

Lisa guía a los lectores en un viaje para desbloquear y abrazar su verdadero yo, guiada por su conexión con la conciencia colectiva.

El viaje de Lisa como visionaria colectiva comenzó cuando tocó fondo. Mientras se sacaba a sí misma de un lugar de desesperación, descubrió el camino para aceptarse y comprenderse a sí misma, reinterpretando las cualidades que pensaba que eran defectos como chispas de potencial que realmente eran.

Como editora, Lisa destaca el pensamiento de la nueva era en el centro de su trabajo.

Conéctate con Lisa aquí

# ALEXANDRA CARRUTHERS

Alexandra Carruthers es mentora de narración y marketing de contenido para emprendedores intuitivos que desean destacar, vender y distinguir su voz en su industria.

Guía a coaches, creativos, líderes y sanadores en un viaje para activar su tono auténtico y desbloquear sus Códigos de Historia únicos. Enseña a sus clientes cómo tejer sus códigos en su contenido y vender sus servicios de manera natural con su propia voz, convirtiéndose así en una autoridad destacada en su industria. También ayuda a emprendedores espirituales a escribir libros, llevando sus enseñanzas en línea y transformándolas en publicaciones atemporales que amplían su campo de impacto.

Conéctate con Alex aquí

# ANDI TURCZA

Andi es madre de dos hijos, sanadora espiritual y coach intuitiva de manifestación para mujeres y hombres que están listos para ser la versión más empoderada de sí mismos.

El objetivo de Andi es ser la persona que ella necesitaba hace 10 años. Ella comprende que todos los desafíos de la vida son únicos y complejos para cada individuo.

Sana relaciones tóxicas
Reclama tu poder
Despierta tu potencial
Libérate de las cosas que te están frenando.

Conéctate con Andi aquí

# CHARISSA LYNN

Charissa Lynn es una mentora internacional y visionaria psíquica que ayuda a las mujeres a conectarse con su intuición y misión guiada por el alma. Es madre de 3 hijos y reside en London, Ontario, Canadá.

El propósito de Charissa es guiar a través de su propia experiencia y dones psíquicos. Su deseo es que todas las mujeres vivan su vida más expansiva y creen un negocio exitoso alineado con su alma a través de estrategias y energética.

Su pasión y legado es guiar a las mujeres hacia su libertad, creando un nuevo paradigma de riqueza para ellas y las generaciones venideras, al mismo tiempo que impacta en el colectivo, dejando un efecto positivo duradero por la eternidad.

Conéctate con Charissa aquí

# KARI RUSSELL

Kari Russell es una Coach Empresarial Energética, líder mundial en Autoexpresión y conductora del Podcast S-EX Talk.

Está casada y tiene 2 hijos, vive en un pequeño pueblo rural justo fuera de Peterborough, en Ontario, Canadá, donde la encontrarás tomando el sol en su terraza leyendo novelas románticas picantes en verano o sumergida en su jacuzzi en invierno.

El coaching de Kari se centra en el Diseño Humano, la Mentalidad, la Inteligencia Emocional y el Trabajo de Identidad para ayudar a sus clientes a liberar las historias y condicionamientos que los frenan para expresarse sin disculpas en la vida y los negocios.

Su trabajo se enfoca en fusionar lo psíquico y lo somático para guiar a sus clientes a aprovechar su autenticidad para poseer quiénes son en su marca y contenido, hacer un impacto masivo, desbloquear la riqueza y construir su negocio a su manera.

Conéctate con Kari aquí

# MILLI FOX

Milli Fox está obsesionada con todo lo relacionado con la autoestima y la manifestación. Imagina a Brené Brown encontrándose con Gabby Bernstein con un toque de diversión añadido.

Milli ha creado un proceso único para la manifestación que ha titulado Manifestación Centrada en la Compasión, ayudando a las mujeres a avanzar hacia la vida de sus sueños desde un lugar de integridad y plenitud.

Milli ha sentido la llamada de vivir una vida audazmente auténtica que redefine la definición de lujo para expandir lo que las mujeres creen que es posible para ellas. Su objetivo es elevar la conciencia colectiva y sanar el trauma generacional a través de su coaching, programas y fiestas de baile en internet.

Milli es autora publicada dos veces y una ávida lectora, que actualmente está escribiendo el próximo superventas del New York Times sobre la manifestación.

Conéctate con Milli aquí